Adam Großmann

60 Jahre

Adam Großmann

60 Jahre

100 Dinge, die MANN
vor der nächsten Null
unbedingt tun oder lassen sollte

humboldt

Bibliografische Information der Deutschen Nationalbibliothek
Die Deutsche Nationalbibliothek verzeichnet diese Publikation in der Deutschen Nationalbibliografie; detaillierte bibliografische Daten sind im Internet über http://dnb.ddb.de abrufbar.

ISBN 978-3-86910-026-5 (Print)
ISBN 978-3-86910-136-1 (PDF)
ISBN 978-3-86910-133-0 (EPUB)

Der Autor: Kaum ein Thema, das Adam Großmann nicht schon als Ratgeberautor behandelt hat: von Partyratgebern über Selbstcoaching bis zum richtigen Verhalten im Trauerfall. Bei so viel Lebenserfahrung war es an der Zeit, dass sich der Autor einmal damit beschäftigt, was alles zu tun oder zu lassen ist, wenn ein gewisses Lebensjahrzehnt erreicht ist.

Originalausgabe

Eine Marke der Schlüterschen Verlagsgesellschaft mbH & Co. KG,
Hans-Böckler-Allee 7, 30173 Hannover
www.schluetersche.de
www.humboldt.de

Lektorat:	Nathalie Röseler, Dateiwerk GmbH, Pliening
Covergestaltung:	DSP Zeitgeist GmbH, Ettlingen
Innengestaltung:	akuSatz Andrea Kunkel, Stuttgart
Coverfoto:	fotolia/fotolia 365
Satz:	PER Medien+Marketing GmbH, Braunschweig
Druck:	Grafisches Centrum Cuno GmbH & Co. KG, Calbe

Hergestellt in Deutschland.

Inhalt

Mein Leben bis heute – eine kleine Zwischenbilanz

Herzlichen Glückwunsch, Sie sind 60! Haben Sie schon den Sektkorken knallen lassen? Oder ist Ihnen gar nicht so sehr nach Feiern zu Mute?
Mit 60 haben Sie in Ihrem Leben schon einiges erreicht. Im Job haben Sie sich etabliert und können sich nun die letzten Jahre Ihres Berufslebens ein wenig zurücklehnen. Sie sind vermutlich verheiratet, manche von Ihnen vielleicht auch schon zum zweiten Mal. Kinder haben Sie wahrscheinlich auch in die Welt gesetzt. Vielleicht sind Sie ja sogar schon Opa oder werden es demnächst. Und die Pensionierung oder Rente steht auch bevor. Das erste Mal seit vielen Jahren stehen Sie also wieder vor einem ganz neuen Lebensabschnitt. Diese Umstellung fällt manchen Menschen leicht, anderen weniger.
Egal, in welcher persönlichen Lebenssituation Sie stecken: Der 60. Geburtstag ist immer ein Anlass, auf das bisherige Leben zurückzuschauen. Was ist gut gelaufen, was weniger gut? Was wünschen Sie sich für die nächsten Jahre?
Für das Leben gibt es kein Patentrezept. Es gibt niemanden, der uns sagt, wie wir unser Leben leben sollen – das müssen wir schon selbst herausfinden. Dieses Buch will Ihnen dabei ein wenig Orientierung geben. Es sagt Ihnen, was Sie mit 60 tun und lassen sollten, und gibt Ihnen wertvolle Tipps, wie Sie auch die kommenden Jahre gut überstehen. Und dabei gilt wie überall im Leben: Es darf gerne gelacht werden!

Zehn Orte, an die Mann sich allein begeben sollte

Mit 60 stehen Sie schon – so schlimm das jetzt klingt – im letzten Drittel Ihres Lebens. Sind Sie da, wo Sie mit 60 sein wollten? In der Hektik des Alltags haben wir oft keine Zeit, um in Ruhe über uns und unser Leben nachzudenken. Job, Partnerin, Kinder und Enkel, Freunde: Sie alle wollen unsere Zeit, doch nachdenken können wir in diesem Trubel nicht. Deshalb haben wir hier für Sie zehn Orte zusammengestellt, an die jeder Mann einmal alleine reisen sollte – um nachzudenken, um Zeit für sich zu haben oder um einfach einmal ein wenig Abstand zum Alltag zu gewinnen.

Ins Kloster auf Zeit

Immer weniger Menschen gehen einigermaßen regelmäßig in die Kirche. Auf dem Papier sind zwar rund 60 Prozent der Deutschen katholisch oder evangelisch, doch nur 13 Prozent der Katholiken und nur 3,6 Prozent der Protestanten besuchen sonntags einen Gottesdienst. Vermutlich gehören also auch Sie zu den Menschen, die nur bei Hochzeiten oder Beerdigungen eine Kirche betreten. Vielleicht noch an Weihnachten, zu-

sammen mit den Kindern. Und jetzt sollen Sie auch noch in ein Kloster gehen?
Bei einem „Kloster auf Zeit“ leben Sie nämlich einige Tage in einem Kloster mit, müssen sich aber natürlich auf keine Weise an das Kloster binden. Stattdessen können Sie dort an den Exerzitien, also den geistlichen Übungen, teilnehmen, Meditationsübungen machen oder einfach nur etwas Abstand zum Alltag gewinnen. Zahlreiche Klöster bieten mittlerweile solche Aufenthalte an. Oft können Sie dabei wählen, ob Sie in der Gemeinschaft mitarbeiten wollen oder eine geistliche Begleitung wünschen. Auch bei der Dauer des Aufenthaltes zeigen sich die Klöster meist flexibel: Von einzelnen Tagen über ein verlängertes Wochenende bis zu einer oder mehreren Wochen ist hier vieles möglich.
Bei so einem Klosteraufenthalt haben Sie viel Zeit, in sich hineinzuhorchen und herauszufinden, ob Sie sich auf dem richtigen Weg befinden. Vermutlich haben Sie sich jenseits des Religionsunterrichts in der Schule nicht mehr viel mit der Bibel beschäftigt. Der Aufenthalt im Kloster ist also auch eine gute Gelegenheit, wieder in Kontakt mit Gottes Wort zu kommen und herauszufinden, wie Sie christliche Werte im Alltag leben können. Und wenn Ihnen das alles zu religiös ist, können Sie einige Tage lang die Ruhe der alten Klostermauern genießen. Informationen über „Kloster auf Zeit“-Aufenthalte finden Sie auf der Website der Ordensgemeinschaften in Deutschland www.orden.de. Dort können Sie auch eine Broschüre namens „Atem holen“ anfordern, die Ihnen verschiedene Angebote näher vorstellt

Warum mit 60?

Weil Sie mit 60 Ihre rebellische Phase, in der Sie mit Religion und dem Glauben an irgendeine höhere Macht nichts anfangen können, langsam hinter sich lassen. Heute denken Sie: „Wenn Menschen seit 2000 Jahren ein Glaubenssystem gut finden, dann scheint es ihnen auch etwas zu geben." Und so gehen Sie – obwohl Sie sonst höchstens mal an Weihnachten einen Gottesdienst besuchen – freiwillig ins Kloster. Sie begeben sich direkt dorthin. Sie gehen nicht über Los. Und ziehen Sie nicht – ach quatsch, das Leben ist doch kein Monopoly-Spiel!

Auf eine einsame Hallig

Nur Sie und die endlose Weite des Meeres – das erleben Sie auf einer der zehn deutschen Halligen, die vom norddeutschen „Heimatdichter" Theodor Storm nicht umsonst „schwimmende Träume" genannt wurden. Die kleinen Inselchen befinden sich rund um die Insel Pellworm im nordfriesischen Wattenmeer. Sie sind nur wenige Meter hoch und werden bei Sturmfluten oft überspült. Deshalb errichteten die Bewohner der Halligen ihre Häuser auf Warften, künstlich aufgeschütteten Hügeln. Da der Marschboden der Inseln kein Süßwasser speichern kann, waren die Bewohner jahrhundertelang darauf angewiesen, Regenwasser zu sammeln und zu speichern. Erst seit den 1960er-Jahren führen Trinkwasserleitungen zu den meisten Halligen. Da die typische Vegetationsform der Halligen Salzwiesen sind, ist Landwirtschaft nur eingeschränkt möglich. Daher waren die meisten Bewohner ursprünglich

Seefahrer oder Walfänger. Heute leben die 230 Bewohner der Halligen vom Tourismus oder arbeiten für den Küstenschutz. Warum sollten Sie sich nun aber auf so eine Hallig begeben? Ganz einfach: Es ist hier herrlich ruhig. Da es auf den meisten Inseln kaum oder keinen Autoverkehr gibt, bleibt die Lärmkulisse des Alltags außen vor. Stattdessen erwarten Sie dort Spaziergänge, Wattwanderungen und viel Natur. Außerdem bekommen Sie auf einer Hallig einen Einblick in ein Leben, dessen Rhythmus von Ebbe und Flut bestimmt wird. Niemanden interessiert, ob Sie einen dringenden Termin auf dem Festland haben: Wenn es der Wasserstand nicht erlaubt, kommen Sie von der Insel nicht weg – oder müssen zu Fuß durch das Wattenmeer wandern. Auf jeden Fall haben Sie hier jede Menge Zeit, um mit sich allein zu sein und nachzudenken – nur das Geschrei der Möwen könnte Sie vielleicht dabei stören. Nähere Informationen finden Sie auf der Website des Tourismusbüros der Biosphäre Halligen unter www.halligen.de.

Warum mit 60?

Weil schon Hemingway – bekanntlich ein „echter" Mann – ein Buch namens „Der alte Mann und das Meer" geschrieben hat. Natürlich sind Sie mit 60 keineswegs alt, um Gottes willen, ganz und gar nicht. Aber Sie denken mit 60 immer öfter daran, dass Sie langsam älter werden. Und dabei kann das Meer unheimlich beruhigend wirken, denn es wogt und brandet seit Jahrmillionen und ist immer noch da.

In die Wüste

Einmal im Leben muss man eine Wüste gesehen haben: ob in der Sahara, in den Vereinigten Arabischen Emiraten oder in Australien. Und wenn Ihnen diese Ziele zu weit (und vor allem zu teuer) sind, dann bleiben Sie einfach in Europa: Die Wüste von Tabernas in Andalusien ist immerhin 280 Quadratkilometer groß. Und als natürliche Wüste überzeugt sie auch optisch so sehr, dass hier unter anderem Filme wie „Lawrence von Arabien“, „Für eine Handvoll Dollar“ und „Indiana Jones und der letzte Kreuzzug“ gedreht wurden.

Eine Wüste macht uns klar, wie feindlich die Natur sein kann und wie sehr wir Menschen auf die Annehmlichkeiten unserer Zivilisation angewiesen sind, vor allem natürlich auf Wasser. Eines meiner beeindruckendsten Reiseerlebnisse überhaupt war ein Helikopterrundflug über das australische Outback. So weit das Auge reichte nur rote Erde. Dazwischen ein paar Büschel Spinifexgras und ab und zu einmal ein karger Eukalyptusbaum. Und das bis zum Horizont und noch Hunderte, wenn nicht gar Tausende Kilometer weiter. Am Boden herrschte eine Temperatur von 45 Grad im Schatten, und als ich meinen Blick aus dem Helikopter schweifen ließ, wurde mir klar, dass ich da unten wahrscheinlich keine drei Stunden überleben würde: ohne Wasser, ohne Schatten, bei dieser Hitze. Und ich fühlte mich auf einmal sehr, sehr klein und hoffte, dass der Heli mich auch wirklich sicher wieder zurück zum Flugplatz bringen würde.

Sie müssen sich nicht gleich im australischen Outback aussetzen lassen, um die Wüste zu erfahren – wie gesagt, können Sie das auch in Südspanien erleben. Und dabei in sehr berühmte Fußstapfen treten: Denn auch Jesus wurde nach seiner Taufe vom Heiligen Geist in die Wüste geführt, wo ihn der Teufel in Versuchung führen sollte. Nachdem Jesus 40 Tage und 40 Nächte gefastet hatte, bekam er Hunger (was bei mir schon nach 40 Minuten der Fall gewesen wäre, aber ich bin ja nicht Jesus). Da erschien ihm der Teufel und forderte ihn mit den Worten heraus: „Wenn du Gottes Sohn bist, so befiehl, dass aus diesen Steinen Brot wird." Doch Jesus widerstand dieser Versuchung wie auch zwei weiteren Versuchungen und der Teufel ließ von ihm ab (nachzulesen unter Matthäus 4, 1–11). Jesus ging also in die Wüste, um seinen Glauben zu festigen, und Sie können in die Wüste gehen, um nachzudenken. Ablenkungen haben Sie dort garantiert keine.

Warum mit 60?

Weil Sie mit 60 sonst nicht mehr allzu wüst leben. Ja, ich gebe zu: Das war ein ganz blöder Witz. Tatsächlich ist ein Aufenthalt in der Wüste in jedem Alter ein Gewinn. Allerdings können Sie mit 60 die karge Schönheit einer Wüstenlandschaft auch schätzen. Als junger Mensch denken Sie ja doch nur daran, dass man dort herrlich sandboarden oder mit einem Quad die Dünen herunterbrettern kann.

Ans Wasser: am Fluss, See oder Meer

Ich weiß nicht, wie es Ihnen geht, aber ich könnte stundenlang auf das Wasser blicken. Ganz egal, ob es sich um die Wogen

des Atlantiks, die sanfte Dünung der Ostsee an einem Sommertag oder die Strömung des Flusses in meiner Heimatstadt handelt. Ja, selbst an unserem Baggersee genieße ich es, meinen Blick einfach nur über die Wasseroberfläche schweifen zu lassen. Wasser übt eine besondere Faszination auf uns Menschen aus. Mal glasklar von Sonnenlicht durchflutet, mal undurchdringlich dunkel und gefährlich. Mal ruhig dahinplätschernd, mal ein reißender Strom. Mal sanfte Wogen, mal haushohe Wellen, die selbst großen Schiffen gefährlich werden können. Wasser zeigt uns, dass alles in Fluss ist, dass das Leben immer weiterfließt wie ein Fluss, der manchmal eben ruhig in seinem Bett bleibt, manchmal aber auch alles mit sich reißt.
Gerade am Meer wird es mir nie langweilig, die Wellen zu beobachten, immer auf der Suche nach der „perfekten Welle", die für jeden anders aussieht. Eine Welle, die einen Tunnel bildet, wenn sie sich bricht – der Traum aller Wellenreiter von Hawaii bis Australien. Oder eine Welle, die sich schon weit draußen an einer Sandbank gebrochen hat und dann noch einmal kräftig anschwillt. Und mir kommen Gedanken wie: Ist das vielleicht auch mit meinem Leben so? Hat sich mir einmal eine Sandbank in den Weg gestellt und mich ausgebremst? Und kann mein Leben danach noch einmal neuen Schwung gewinnen? Es gab einmal einen französischen Film namens „Das Leben ist ein langer, ruhiger Fluss" (1988). Ist Ihr Leben auch ein langer, ruhiger Fluss? Oder fließt es mal langsam vor sich hin, mal über reißende Stromschnellen? Wird Ihr Lebensfluss mal kanalisiert und (oftmals auch von anderen) begradigt oder bricht er aus seiner vorgezeichneten Bahn aus? Fließt er in Biegungen und Kurven vor sich hin? Geht es mal vor, mal wieder zurück, bis Ihr Fluss seine Richtung wiederfindet?

Ach, ich könnte stundenlang so weiter schreiben, genauso wie ich stundenlang das Wasser beobachten könnte. Und mich vom Tosen der Brandung, dem Plätschern des kleinen Bachs, dem Rauschen des Wasserfalls beim Nachdenken begleiten lassen. Denn das Wasser ist ein herrlicher Ort, um mit sich alleine zu sein. Am örtlichen Baggersee müssen Sie dann eben ganz früh unterwegs sein, sodass Enten und Schwäne Ihre einzige Gesellschaft sind. Dafür können Sie dann die Ruhe umso besser genießen.

Warum mit 60?

Mit 60 haben Sie schon viel Wasser die Donau/den Rhein/die Elbe/den kleinen Bach in der Nähe Ihres Hauses hinunterfließen sehen. Sie haben schon einige Stromschnellen gemeistert, sind aber auch oft in ruhigen Gewässern gepaddelt. Sie verstehen, wie sehr der Fluss des Wassers für das Leben an sich steht. Und außerdem wirkt Wasser immer ungemein beruhigend.

In den Wald

Manchmal sehen wir den Wald vor lauter Bäumen nicht. Das heißt: Wir sehen das Offensichtliche nicht, das direkt vor uns liegt. Oder wir sehen nur die Details, aber nicht das Ganze – uns fehlt der Überblick. Dann brauchen wir Zeit, um in Ruhe nachzudenken, und das können wir ganz hervorragend im Wald.

Ich weiß nicht, ob Sie in einer Großstadt oder in einer eher ländlichen Gegend wohnen. Ganz sicher haben Sie jedoch einen Wald ganz in der Nähe. Setzen Sie sich also aufs Fahrrad, in den Zug oder ins Auto, fahren Sie hinaus in die Natur und gehen Sie im Wald spazieren. Eine Stunde oder auch zwei oder drei. Genießen Sie die frische Luft, lauschen Sie den Stimmen der Vögel – wer weiß, vielleicht sehen Sie ja auch ein Reh oder einen Hasen? In der Natur sind Sie allein mit sich und können wunderbar über Ihr Leben nachdenken.
Schalten Sie Ihr Handy aus, damit Sie niemand stört, und genießen Sie einfach die Stille des Waldes. Hören Sie auf Ihre Schritte auf dem Waldboden, beobachten Sie die Umgebung. Welche Pflanzen kennen Sie, welche Tierspuren sehen Sie? Oder setzen Sie sich einfach auf eine Bank am Waldrand und denken Sie nach: darüber, was in den letzten 60 Jahren gut gelaufen ist, und darüber, was Sie noch in Angriff nehmen möchten. Der Wald hilft Ihnen beim Nachdenken. Außerdem wirkt die Farbe Grün beruhigend und entspannend, und Grün gibt es im Wald nun einmal mehr als genug. Gerade wenn Sie gestresst sind, kann Ihnen ein Waldspaziergang also sehr gut zu mehr Ruhe verhelfen. Und nun sehen Sie auch endlich wieder den Wald vor lauter Bäumen!

Warum mit 60?

Dass man den Wald vor lauter Bäumen nicht sieht, kann einem in jedem Alter passieren. Allerdings gehen wir in jungen Jahren nicht gerne im Wald spazieren, denn da ist ja nichts los. Und wenn wir Pech haben, landen wir auch noch in einem Funkloch und unser Handy funktioniert nicht. Mit 60 wissen

Sie die Ruhe und Erholung eines Waldspaziergangs zu schätzen – und genießen dann beim Abendessen die Pilze, die Sie dabei gesammelt haben.

Zu einem Gipfelkreuz – auf einem Berg

Wenn Sie auf einem Berggipfel stehen, liegt Ihnen die ganze Welt zu Füßen. Die Autos im Tal sehen aus wie Spielzeug, die Kühe wie kleine braune Flecken im grünen Gras und die Häuser wirken wie das frühere Puppenhaus Ihrer Tochter. Und Sie sind stolz auf sich, denn Sie haben es geschafft: Sie sind in aller Frühe aufgestanden und haben einen Berggipfel erklommen.
Eigentlich sollte man nicht allein in die Berge gehen, aber wenn Sie sich an einem sonnigen Samstag oder Sonntag im September oder Oktober auf den Weg in die bayerischen Alpen oder den Hausberg Ihrer Region machen, ist die Gefahr, dass Sie sich wirklich allein auf den Weg zum Gipfel machen, ohnehin sehr gering. Trotzdem können Sie die Ruhe der Berge genießen. Den Verkehrslärm lassen Sie bald ganz weit hinter sich im Tal und hören nur noch das Klingeln zahlreicher Kuhglocken, die vielfältigen Stimmen der Vögel oder das Pfeifen der Murmeltiere. Schritt für Schritt arbeiten Sie sich nach oben vor, mal über sanfte Gebirgswiesen, mal über felsiges Terrain. Und irgendwann sind Sie dann oben angekommen und können den Blick über das Tal genießen.
Vor allem in den Alpen markiert dann oft ein Gipfelkreuz den höchsten Punkt eines Berges. Ursprünglich kennzeichneten Gipfelkreuze Alm- und Gemeindegrenzen, hatten aber auch

eine religiöse Bedeutung – vom höchsten Punkt aus sollte Gott über die Gemeinde wachen. Heute werden sie von Sportvereinen, Tourismusbehörden oder der Bergrettung aufgestellt, oft auch nur aus ästhetischen Gründen, denn ein Berg mit einem Gipfelkreuz sieht einfach gut aus. Und auch auf dem Foto macht sich das Kreuz gut, denn wenn Sie neben dem Gipfelkreuz stehen, beweisen Sie allen Daheimgebliebenen: Ich war wirklich auf dem Großglockner!

Auf jeden Fall zeigt Ihnen die Aussicht von einem Berggipfel sehr schön, wie klein doch unsere Welt ist. Und wie klein auch manchmal unsere Probleme sind. Im Vergleich zur mächtigen Erhabenheit der Berge, die seit Jahrmillionen dort stehen und schon viele Menschen im Tal kommen und gehen gesehen haben.

Warum mit 60?

In die Berge können Sie in jedem Alter gehen. Und mit 60 sind Sie immer noch fit genug für Bergtouren, solange diese nicht allzu viel Kletterei erfordern. Ein Blick auf die Erde von oben lohnt sich immer – also packen Sie es an!

Auf eine Pilgerreise

Der Komiker Hape Kerkeling hat es uns vorgemacht: Er pilgerte auf dem Jakobsweg nach Santiago de Compostela und erzählte davon in seinem Bestseller „Ich bin dann mal weg“. Vier Millionen Mal verkaufte sich sein Reisebericht, der noch eine andere „Nebenwirkung“ hatte: 2007, im Jahr nach der Veröffentlichung von Kerkelings Buch, stieg die Zahl der deutschen Pilger auf dem Jakobsweg um 71 Prozent an.

Wer sich auf eine Pilgerreise begibt, tut dies in der Regel aus religiösen Gründen, zum Beispiel um Buße zu tun, um ein Gelübde zu erfüllen oder in der Hoffnung auf die Erhörung eines Gebetes. Nicht nur im Christentum gibt es diese Pilgerreisen, die bekannteste islamische Variante ist der Hadsch nach Mekka, den jeder Muslim mindestens einmal in seinem Leben antreten sollte. Viele Menschen begeben sich aber auch auf den Jakobsweg oder andere Pilgerwege, weil sie sich eine Zeit lang aus dem Alltag ausklinken wollen. Je nachdem, wie lang die gewählte Etappe ist, müssen sie einige Tage oder Wochen nichts tun außer gehen. Und haben dabei sehr viel Zeit, um über ihr Leben nachzudenken. Dazu kommt der Austausch mit Gleichgesinnten aus vielen Ländern in den Pilgerherbergen – auch hier lassen sich viele wertvolle Erkenntnisse nicht nur über den eigenen Glauben gewinnen.

Zugegeben: Von Einsamkeit kann auf dem Jakobsweg keine Rede mehr sein. 2010 machten sich rund 272000 Menschen auf den Weg nach Santiago de Compostela – schon beinahe eine kleine Völkerwanderung. Doch um zu pilgern, müssen Sie nicht bis Santiago de Compostela laufen – auch durch Deutschland führt der Jakobsweg oder besser gesagt mehrere Jakobswege. So beginnt der Münchner Jakobsweg am Angerkloster am Jakobsplatz in München, führt dann nach Bregenz am Bodensee und mündet in die Schweizer Jakobswege. Auch in Hessen verläuft ein Zweig des Jakobsweges von Fulda nach Trier. Aber auch jenseits des berühmten Jakobsweges gibt es in Deutschland unzählige Wallfahrtsorte: Klöster und Kapel-

len oder andere Punkte von religiöser Bedeutung. Googeln Sie einfach einmal Ihren Wohnort oder Ihre Region in Verbindung mit „Wallfahrt" – Sie werden über die Anzahl der Suchergebnisse überrascht sein.
Und zu guter Letzt müssen Sie auch nicht unbedingt zu einem religiösen Ort pilgern. Sie können sich auch auf einen Weg machen, der nur für Sie eine spezielle Bedeutung hat. Das kann der Weg zu einem Kraftort in der Natur sein oder dem Ort, an dem Sie Ihre Partnerin kennengelernt haben. Wichtig bei Ihrer ganz persönlichen Pilgerreise ist, dass Sie eine Zeit lang nach innen schauen, sich besinnen auf das, worauf es im Leben ankommt, und ganz einfach einen Fuß vor den anderen setzen – so wie es im Leben ja auch Schritt für Schritt vorwärts geht.

Warum mit 60?

Vor allem nach dem Erfolg von Hape Kerkelings Buch zog es auch viele junge Leute auf den Jakobsweg. Irgendwie musste man einfach dabei sein, genauso wie wir eben auf einmal Papst waren. Der Jakobsweg war sozusagen ein Happening. Doch wie viele dieser jungen Pilger tatsächlich auch – sagen wir mal vorsichtig – spirituelle Motive hatten, ist unbekannt. Mit 60 dagegen können Sie der inneren Einkehr, die eine solche Pilgerreise mit sich bringt, schon mehr abgewinnen. Sie sind nun in einem Alter, in dem Sie ganz gerne mal über Ihr Leben nachdenken und sich auch Gedanken über größere Zusammenhänge machen. Und dazu ist eine Pilgerreise hervorragend geeignet.

An einen Ort, an dem es den Menschen schlechter geht als bei uns

Eine Reise in ein Entwicklungsland kann einem wirklich die Augen öffnen. Denn wir sehen, wie viele Menschen es gibt, die sehr viel weniger zum Leben haben als wir. Die in einfachen Häusern oder Hütten leben, in zerschlissenen Kleidern herumlaufen und sich freuen, wenn sie am Abend genug zu essen zu bekommen. Und trotzdem sitzen die Menschen nicht deprimiert herum, sondern gehen ganz normal ihrem Leben nach und kümmern sich darum, ihren mageren Lebensunterhalt zu verdienen.

Diese Armut hat viele Schattenseiten: Viele Menschen fertigen unsere Turnschuhe und Klamotten für einen Hungerlohn in Fabriken, die sich nicht um Arbeitszeitgesetze oder Arbeitssicherheit scheren. Kinder werden an reiche Touristen verkauft und eine vernünftige medizinische Versorgung können sich nur die Reichsten leisten. Und so bemerken wir plötzlich, wie gut es uns doch geht. Sauberes Wasser aus der Wasserleitung, ein Überangebot an Nahrungsmitteln und wenn wir krank sind, gehen wir eben zum Arzt.

Vielleicht sind wir ein kleines bisschen dankbarer für das, was wir haben, wenn wir von so einer Reise zurück nach Hause kommen. Reisen in weit entfernte Länder sind allerdings teuer. Doch ganz sicher gibt es auch in Ihrer Nähe Orte, an denen es den Menschen weniger gut geht. Fahren Sie nur mal nach Berlin-Neukölln, nach München-Hasenbergl oder Hamburg-Wilhelmsburg. Auch da müssen viele Menschen mit erheblich weniger auskommen als Sie. Arbeiten Sie ruhig mal ehrenamtlich mit, zum Beispiel beim Bundesverband Deutsche Tafel (www.tafel.de), der überschüssige Lebensmittel an Bedürftige weitergibt. Sie haben Glück: Sie können sich jeden Tag etwas zu essen leisten. Nicht jeder auf der Welt und noch nicht einmal in Deutschland hat dieses Glück. Stimmt Sie das nicht auch nachdenklich?

Warum mit 60?

Weil es nicht jedem 60-Jährigen so gut geht wie Ihnen. In manchen Ländern sind 60-Jährige schon zahnlose alte Opas oder gar nicht mehr am Leben. Wenn Sie also ein bisschen mit Ihrem 60. Geburtstag hadern, dann kann Ihnen ein Besuch an einem Ort, wo es den Menschen schlechter geht, den Kopf wieder geraderücken. Na gut, Sie werden 60! Aber gibt es nicht vielleicht auch Schlimmeres?

In Ihre Traumstadt

Jeder von uns hat seine Traumstadt: eine Stadt, bei der wir uns denken: Da möchte ich leben! Manche von uns haben diesen Traum verwirklicht, sind nach Berlin, Hamburg oder auch Paris gezogen und ihrem großen Traum so einen Schritt näher gekommen. Andere dagegen himmeln ihre große Liebe aus der Ferne an und träumen weiter von einem Leben dort.
Zugegeben: Wenn Ihre Traumstadt New York, Sydney oder Tokio ist, ist es nicht ganz leicht, dorthin auszuwandern. Und so einfach ein paar Tage zum Nachdenken nach Sydney zu verschwinden, will ich Ihnen jetzt auch nicht befehlen, denn erstens brauchen Sie das Geld vielleicht für andere Dinge dringender und zweitens

will ich keine bösen E-Mails von Ihrer Partnerin bekommen, in der sie sich beschwert, dass ich Ihnen geraten habe, sich „einfach nach Australien abzusetzen". Dieser Punkt gilt für also für alle diejenigen, die eine Traumstadt in erreichbarer Nähe haben: Gönnen Sie sich einen Tages- oder Wochenendausflug und überprüfen Sie, ob Wien, München oder London immer noch Ihre Traumstadt ist. Ihre Partnerin und Kinder können Sie gerne mitnehmen, denn sich zwischendurch ein oder zwei Stunden zum Nachdenken abseilen können Sie immer.

Wofür steht Ihre Traumstadt und steht sie immer noch dafür? Was gefällt Ihnen daran so gut, wozu inspiriert Sie diese Stadt? Welches Leben würden Sie leben, wenn Sie dort hinziehen könnten? Und können Sie vielleicht ein bisschen von diesem Leben in Ihr jetziges Leben bringen? Falls Sie zu denjenigen gehören, die von San Francisco, Kapstadt oder Rio träumen, können Sie immerhin in Gedanken dorthin reisen. Was bedeutet dieser Traum heute in Ihrem Leben? Träumen Sie immer noch den gleichen Traum? Oder haben sich Ihre Träume vielleicht geändert? Jede Menge Stoff zum Nachdenken also – nicht nur mit 60 Jahren!

Warum mit 60?

Zum 60. Geburtstag werden Sie jede Menge Geschenke bekommen. Aber warum beschenken Sie sich nicht auch selbst? Mit einer Reise in Ihre Traumstadt zum Beispiel? Alternativ können Sie natürlich auch Ihre Gratulanten um Geldgeschenke bitten, etwa weil Sie sich und Ihrer Partnerin eine Reise nach London schenken wollen. Da ist so ein runder Geburtstag doch ein herrlicher Anlass – finden Sie nicht?

An einen Ort, an dem Sie in Ihrer Kindheit sehr glücklich waren

Bei mir ist das der Wald, der nicht weit hinter unserem Elternhaus begann. Er war nahe genug, dass uns unsere Eltern dort ganz alleine spielen ließen, aber weit genug, dass wir uns dort richtig frei fühlten. Wir bauten Baumhäuser und fischten in dem kleinen Tümpel nach Kaulquappen, die wir dann stolz in einem Marmeladenglas mit in die Schule brachten. Wir kletterten auf die höchsten Bäume und Stefan brach sich dort einmal den Arm, als er herunterfiel. Dann verboten uns unsere Eltern eine Zeit lang, auf Bäume zu klettern, aber wir taten es natürlich trotzdem. Wir stocherten mit Ästen in Kaninchen- und Fuchsbauten herum und sammelten im Herbst Brombeeren. Selbst im Winter hatte der Wald noch etwas zu bieten: Wir schlitterten auf dem Eis des Tümpels herum und bauten aus Schnee und kahlen Ästen Unterschlüpfe und Iglus. Heute wohnen meine Eltern woanders, doch den Wald gibt es immer noch. Und ich war neulich nach langer Zeit wieder mal dort. Wie klein mir das Wäldchen jetzt vorkam! Es war auch tatsächlich ein wenig geschrumpft, denn an zwei Seiten gruben sich Neubausiedlungen in den Wald hinein. Den Tümpel gab es, doch Kaulquappen waren in der sumpfigen Brühe kaum mehr zu entdecken. Ein paar rostige Nägel zeugten noch von unserem Baumhaus. Und da drüben – das war der Baum, von dem Stefan einst herunterfiel. Noch immer kenne ich dieses Wäldchen wie meine Westentasche und zahlreiche Erinnerungen kamen in mir hoch. Wie unbedarft wir doch damals in den Tag hinein lebten! Das Schlimmste, das uns passieren konnte, war, dass wir bei schönstem Wetter zum Nachsitzen verdonnert wurden und deshalb nicht draußen spielen konnten. Aber ein bisschen was von diesem Neunjährigen steckt auch noch heute in mir, und so schaue ich mich erst gut um, ob mich auch ja niemand beobachtet, und setze dann ganz vorsichtig einen Fuß auf den untersten Ast meines Lieblingskletterbaums. Und dann ziehe ich mich ganz vorsichtig nach oben …

Warum mit 60?

In meinem Beispiel sind Sie mit 60 immerhin noch so gelenkig, dass Sie sich auf diesen Kletterbaum schwingen können – zumindest auf die unteren Äste. Ob Sie dann wieder herunterkommen, ist eine ganz andere Frage. Vielleicht haben Sie eine ganz anderen Ort, an dem Sie sich als Kind sehr glücklich gefühlt haben. Auch dann ist 60 ein gutes Alter, um ihn einmal wieder aufzusuchen. Erstens werden dabei viele schöne Erinnerungen wach und zweitens können Sie dann Ihren Freunden, die sich zu Ihrem Geburtstag sicherlich melden werden, davon erzählen. Und falls sich der Ort Ihrer glücklichen Kindheit stark verändert haben sollte, können Sie nun mit diesem Schock auch umgehen. Denn Sie wissen, dass das Leben immer auch Veränderung bedeutet.

Zehn Dinge, die Sie unbedingt tun müssen

Gehören Sie auch zu den Menschen, die To-do-Listen schreiben? In der Arbeit sicherlich, damit Sie nicht irgendetwas Wichtiges vergessen. Aber eine To-do-Liste fürs Leben schreiben? „Das ist doch Frauensache!“, rufen Sie jetzt empört. Und weil ich genau weiß, dass Sie sich für Ihr Leben keine To-do-Liste geschrieben haben, gebe ich Ihnen jetzt eine für Ihr 60. Lebensjahr. Ätschbätsch!

Die Partnerin neu entdecken

Wenn Sie Ihre Beziehung oder Ehe über die letzten Jahrzehnte Revue passieren lassen, werden Sie zwangsläufig unterschiedliche Phasen erkennen: Vom ersten Verliebtsein angefangen, wo Sie alles über Ihre Partnerin wissen wollten. Dann folgte die Phase der Gewöhnung, nachdem man zusammengezogen war und irgendwann das Gefühl hatte, jede Facette des anderen zu kennen (nicht zwangsläufig zu schätzen, aber immerhin). Wie war es aber dann, als Sie oder Ihre Frau im Beruf richtig durchgestartet sind, oder vor allem, als die Kinder auf der Welt waren? Plötzlich hat man das Gefühl, die Beziehung läuft nur noch so nebenher, weil man ständig von anderen

Dingen abgelenkt ist. Wenn man etwa nach einem 12-Stunden-Tag in der Arbeit abends bloß noch in die Glotze starren will. Oder wenn man auch am Wochenende keine Zeit für Momente zu zweit mehr hat, weil man die Kinder beim Fußballspielen anfeuern, in Latein abfragen oder ständig irgendwohin fahren und von dort wieder abholen muss. Klar, man ist immer unter Strom und macht sich deswegen keine großen Gedanken. Aber wie sieht es jetzt aus, da die Kinder aus dem Haus sind und die Arbeit auch etwas entspannter läuft? Hoffentlich schweigen Sie Ihre Frau nicht sonntags am Mittagstisch nur noch an. Oder erregen ihren Zorn, indem Sie nach dem Yogakurs fragen, den sie schon seit zehn Jahren nicht mehr besucht. Es ist höchste Zeit, Ihre Partnerin neu zu entdecken!
Mit „neu entdecken" ist aber nicht gemeint, dass Sie sich daran erinnern, wie Ihre Frau vor dreißig Jahren war, und den Jetztzustand damit vergleichen. Sie hat sich, genauso wie Sie, verändert – und diese neuen Elemente ihrer Persönlichkeit gilt es zu entdecken. Hören Sie Ihrer Frau eigentlich auch immer genau zu? Fangen Sie spätestens jetzt damit an, gehen Sie auf das Erzählte ein und fragen Sie nach. Natürlich wird es dann die ein oder andere „Das hab ich dir doch schon tausendmal erzählt"- oder „Hörst du mir überhaupt zu"-Situation geben – insgesamt wird es sich aber auszahlen! Sie können auch gemeinsam neu starten, indem Sie sich ein neues, gemeinsames Hobby suchen. Doch noch Italienisch lernen zum Beispiel. Zusammen musizieren, jetzt, wo Ihre Kinder Sie zu Hause nicht mehr auslachen können. Oder wie wäre es damit, zusammen einen Kochkurs zu besuchen? Liebe geht durch den Magen und ein gemeinsam bereitetes Mahl kann ein sehr sinnliches Vergnügen sein.

Warum mit 60?

Die Kinder sind jetzt aus dem Haus und Sie haben wieder Zeit füreinander – das ist nur dann ein Segen, wenn man sich auch miteinander zu beschäftigen weiß. Überhaupt haben Sie demnächst nicht mehr die Möglichkeit, an Ihren Arbeitsplatz zu flüchten, wenn Sie in Rente gehen. Bis dahin sollten Sie jedenfalls eine spannende, neu entdeckte Beziehung mit Ihrer Partnerin führen und keine, die nur aus Routine und einem bequemen Leben nebeneinanderher besteht.

Ungeliebte Rollen ändern

Auch wenn man sich darüber ärgert und eigentlich gar nicht weiß, wie es dazu kam: Wir lassen uns immer wieder in Rollen drängen, die wir gar nicht haben wollten. Ist man dann aber einmal darin verfangen, ist es extrem schwierig, wieder herauszufinden. Zum Beispiel am Arbeitsplatz: Eigentlich gibt es eine klare Aufgabenverteilung, jeder sollte genau wissen, was er zu tun hat. Wenn aber die Zeit knapp wird, ein Abgabetermin bevorsteht oder noch schnell die aktuelle Abrechnung an die Kostenstelle geschickt werden muss, sind es immer Sie, der einspringt, um den Super-GAU zu verhindern. Das gehört zwar nicht zu Ihren Aufgaben, weil Sie aber einen besseren Überblick haben als die anderen, haben Sie das halt ein-, zweimal gemacht – und schon denken die Kollegen: „Der wird's schon wieder richten." Und so sind immer Sie derjenige, an dem die Arbeit hängen bleibt. Oder Sie haben ein paar Mal nach der Mittagspause für alle den Espresso organisiert. Plötzlich sind Sie der „Espressomann" und die Leute fragen sich, wo der Kaf-

fee bleibt, wenn Sie einmal nicht daran gedacht haben. Andere solche Rollen wären zum Beispiel „Der Spaßvogel" oder „Der Fußballfachmann".
Das Gleiche funktioniert leider auch im Privatleben. Warum müssen immer Sie den Stein ins Rollen bringen, um mit Ihren Freunden zum Kegeln zu gehen? Wenn Sie nicht als Erster anrufen, passiert nichts. Oder wieso geben Sie immer um des lieben Friedens willen klein bei, wenn es Unstimmigkeiten mit Ihrer Frau oder den Kindern gibt?
Aus solchen Rollen können Sie auch ausbrechen. Sie brauchen ja niemanden in einem Akt der Selbstbefreiung vor den Kopf zu stoßen. Sprechen Sie offen an, was Sie an Ihrer Rolle nervt, ohne den anderen Vorwürfe zu machen – die denken sich nämlich nichts Böses, sondern sind auch nur Gewohnheitstiere. Manchmal helfen kleine Tricks, um die ungeliebten Rollen loszuwerden. Bringen Sie das nächste Mal statt des Espressos jedem eine Tasse Yogitee, weil Sie erkannt haben, dass zu viel Kaffee ungesund ist. Am nächsten Tag stehen die Kollegen plötzlich wieder selbst am Kaffeestand an.

Warum mit 60?

Irgendwann muss mit den ungeliebten Rollen doch mal Schluss sein! Wenn Sie die jetzt nicht ändern, laufen Sie Gefahr, diese Verhaltensmuster mit ins Grab zu nehmen – und in der hoffentlich noch langen Zeit bis dahin darunter zu leiden. Auch möchte doch jeder bei seiner Verabschiedung in den Ruhestand als der kompetente Mitarbeiter gewürdigt werden, der er war. Und nicht bloß auf irgendeine lächerliche Rolle reduziert werden.

Etwas, das Sie noch nie getan haben

„Was der Bauer nicht kennt, frisst er nicht", sagt der Volksmund. Dieses Sushi vom neuen Japaner kann doch nicht besser schmecken als der gute alte Schweinebraten. Warum sollte man dann etwas Neues ausprobieren? Oder der Urlaub: Am Gardasee/in der Toskana/in Schweden ist es halt am schönsten. Da weiß man, was man hat. Sie sind doch alt genug, um zu wissen, was Ihnen gefällt und was nicht – und sind bisher prima durchs Leben gekommen – oder …?
Aber sind Sie denn wirklich schon so festgefahren? Wagen Sie doch mal etwas, das Sie bisher noch nie getan haben. Es muss ja nicht gleich ein übertriebener Nervenkitzel wie Bungee-Jumping oder eine Großwildjagd sein. Das Leben hält auch kleine Möglichkeiten bereit, neue Pfade zu betreten: mal ein neues Restaurant oder einen neuen Urlaubsort auszuprobieren oder mal nicht mit dem Auto zur Arbeit zu fahren, sondern mit dem Fahrrad. Kochen Sie doch mal am Sonntag für Ihre Frau, anstatt umgekehrt. Malen Sie ein Bild, schreiben Sie ein Buch oder beginnen Sie ein anderes, neues Hobby. Oder sagen Sie einfach mal Ihrer Sekretärin, wie sehr Sie ihre angenehme, freundliche Art schätzen – oder Ihrer Tochter, dass Sie stolz auf sie sind!

Warum mit 60?

Gut möglich, dass Sie in den letzten Jahren kaum noch etwas getan haben, das Sie vorher noch nie gemacht haben. Vielleicht haben Sie Ihre erste E-Mail verschickt oder zum ersten Mal etwas im Internet bestellt, was eben die neuen Technologien so mit sich bringen. Ehe Sie aber schon ganz in den Alterstrott verfallen, ist jetzt ein guter Zeitpunkt, noch einmal etwas Neues auszuprobieren. Noch sind Sie flexibel genug. Und etwas Neues, das Sie jetzt für sich entdecken, kann Sie noch lange Zeit im Leben begleiten – es wäre doch schade, wenn Sie das verpassen würden!

Ihre Freunde mit einem Garten ehren

Geben wir es zu: Männer sind besser darin, mit Rasenmäher oder Heckenschere Pflanzen am Wachsen zu hindern, als sie dabei zu unterstützen. Viele denken vielleicht noch mit Grausen an den vertrockneten Farn in Ihrer Junggesellenbude, der dann aber doch erst nach einigen Jahren heimlich von der Freundin weggeworfen wurde. Jetzt ist aber der Zeitpunkt, es noch mal damit zu versuchen! Schließlich waren fast alle berühmten Gärtner Männer.

Eine tolle Sache, um seine Daumen ein wenig grün zu färben, ist ein sogenannter Freundschaftsgarten. Der ist relativ leicht zu bewältigen und hat außerdem einen schönen Hintergrund. Suchen Sie sich ein Beet oder eine Ecke im Garten, die Ihre Frau noch freigelassen hat. Dort können Sie nach und nach Pflanzen stellvertretend für Menschen, die Ihnen wichtig sind, einsetzen. Vielleicht haben Sie ja zum runden Geburtstag von Freunden Gartenpflanzen geschenkt bekommen – hinein damit! Lassen Sie Ihre Frau und Ihre Kinder Pflanzen aussuchen, die Sie dann sinnbildlich für jeden von ihnen dort pflegen. Für jeden neuen Enkel kommt zukünftig auch eine neue Pflanze dazu. Freunden und anderen Verwandten erzählen Sie einfach von Ihrem Projekt und Sie werden sehen, da gibt es bald auch noch Zuwachs. Das Schöne an einem solchen Garten: Er erinnert Sie an all Ihre Lieben. Wenn er bald in schöner Blütenpracht erstrahlt, wissen Sie, wie vielen Menschen Sie etwas bedeuten und umgekehrt. Und Sie sind auch besonders motiviert, Ihre Gärtnerkünste auszuleben – oder wollen Sie Ihrer Frau beichten müssen, dass Sie den Lavendelbusch, der für sie steht, haben vertrocknen lassen?

Warum mit 60?

Wenn Sie jetzt einen solchen Freundschaftsgarten anlegen, hinterlassen Sie auf jeden Fall etwas Bleibendes und Wachsendes. Und er kann Sie trösten, wenn Sie die Kinder, Enkel oder Freunde, die weiter entfernt wohnen, vermissen – die üppigen Pflanzen erinnern Sie jeden Tag aufs Neue an Ihre Lieben!

Sich überlegen, was Sie hinterlassen wollen

Sicherlich ist die Frage unangenehm, was man seinen Nachkommen einmal hinterlassen will. Schließlich setzt sie den Gedanken voraus, dass man ja einmal von dieser Erde abtreten wird. Natürlich ist es bei Ihnen noch längst nicht so weit – es schadet aber nichts, sich einmal in kleinem Rahmen damit zu befassen.

„Hinterlassen" bezieht sich ja nicht nur auf materielle Dinge. Wer einmal das Haus, das Auto und die Jacht erbt, wird sich meistens von selbst ergeben – und das kann Ihnen im Grunde dann auch egal sein. Bis es einmal dazu kommt, wird sich sowieso noch vieles ändern. Wie viele Enkel dann mal auf der Liste stehen, ist wahrscheinlich noch gar nicht abzusehen. Und schließlich leben Sie ja in erster Linie für sich selbst! Wichtiger ist doch die Frage, auf welche Weise man Sie in Erinnerung behalten soll. Und dabei geht es nicht nur um den freundlichen Opa, der Sie bestimmt einmal sein werden, der immer so nett von der Hausbank gegrüßt hat. Sondern um den Typen, der noch mitten im Leben stand – also so, wie Sie jetzt sind. Was haben Sie bewirkt, welche Ideale vorgelebt? Woran kann man sich aus Ihrem Leben ein Beispiel nehmen? Darüber können Sie doch mal nachdenken. Nicht zuletzt darf es dann auch gerne doch noch um die materiellen Dinge gehen – wollen Sie wirklich alles, was Sie auf der hohen Kante haben, für Ihre Erben sparen? Oder reicht davon nicht ein angemessener Teil und den Rest verprassen Sie noch, so lange es geht?

Warum mit 60?

Im nächsten Lebensjahrzehnt stellen Sie schon einige Weichen, was Ihre Hinterlassenschaften angeht. Wenn Sie das Ersparte verjuxen wollen, ist jetzt ein guter Zeitpunkt, damit anzufangen. Und Sie stehen eben noch mitten im Saft und können etwas bewirken – wenn Sie Ihren Nachkommen ein gutes Beispiel mit auf den Weg geben möchten, können Sie jetzt noch daran arbeiten.

Mit alten Gewohnheiten brechen

Der Mensch ist ein Gewohnheitstier. Gerade Männern, die ein gewisses Alter erreicht haben, ist es am liebsten, wenn alles möglichst so bleibt, wie es ist. Den gleichen Gang geht wie gehabt. Unliebsame Überraschungen möchte man lieber vermeiden, sich nicht mehr auf Neues, schon gar nicht neumodisches Zeug einlassen. Und überhaupt: Alte Gewohnheiten geben einem das Gefühl von Sicherheit. Jeden Tag das Gleiche zum Frühstück, für jeden Wochentag eine bestimmte Krawatte, seit Jahrzehnten die gleiche Unterhosenmarke, die gleichen Hausschuhe, die gleiche Schokolade zum Naschen. Jeden Samstag die „Sportschau", jeden zweiten Rasen mähen, jeden dritten mit der Frau in die Stadt zum Einkaufsbummel ... Wenn sich alles so in den gewohnten Ablauf fügt, weiß man, dass die Welt noch in Ordnung ist. Wie lange brauchen Sie diese Sicherheit noch?
Alte Gewohnheiten bringen nämlich auch Nachteile mit sich: Sie lullen uns ein, wir werden träge und unflexibel. Wehe, wenn die Lieblingsunterhosenmarke eingestellt wird oder irgendein anderer Faktor aus dem Gewohnheitstrott wegfällt – Verzweiflung macht sich breit, wir verlieren ein Stück der vermeintlichen Sicherheit. Deswegen sollten wir die eingeschliffenen Verhaltensweisen zumindest ab und zu hinterfragen. Viele unserer Gewohnheiten gehen, ehrlich gesagt, auch unseren Mitmenschen ziemlich auf die Nerven. Vielleicht hat Ihre Frau Sie seit Jahren nicht mehr anders als in dem schlabbrigen Trainingsanzug gesehen, den Sie zu Hause immer tragen. Oder Ihre Familie würde Weihnachten gerne mal anders als nach den immer gleichen Abläufen feiern, zum Beispiel bei Ihrem Sohn und seiner Familie?

Warum mit 60?

Ganz ehrlich: Sie werden nicht jünger und vor allem nicht flexibler. Festgefahrene Gewohnheiten à la „Das haben wir immer schon so gemacht“ werden sich in den nächsten Jahren eher noch verfestigen als auflockern. Deswegen ist es gut, wenn Sie sich eine gewisse Flexibilität aufrechterhalten oder anerziehen. Das hält geistig frisch und gesund!

Neue Menschen kennenlernen

Kaum etwas ist schöner, als sich mit alten Freunden zu treffen, die uns bisher durchs Leben begleitet haben. Man kann alte Erinnerungen austauschen, über ehemalige Mitschüler, -studenten oder Kollegen sprechen („Weißt du, wen ich neulich im Zug ...“), alle möglichen beruflichen, ehelichen oder erzieherischen Probleme bequatschen oder einfach nur blöde Witze reißen. Man kennt sich schließlich lange genug und weiß, auf welcher Wellenlänge man liegt. Ein Glück, solche Freunde gefunden zu haben! Braucht es da überhaupt noch neue Bekanntschaften?

Es kann zumindest nichts schaden! Von neuen Bekannten und Freunden lernen wir immer auch etwas dazu. Unser Geist kann sich anderen Ideen und Ansichten öffnen, wir bleiben nicht auf die Vergangenheit oder die gemeinsamen Hobbys fixiert. Im Idealfall sind die neuen Bekanntschaften jünger als wir selbst: Durch sie bleiben wir am Puls der Zeit und können die Dinge mit anderen Augen sehen. Und das tut uns manchmal ganz gut – auch wenn wir natürlich nicht sofort zugeben würden, dass der ja gerade erst 50 gewordene junge Hüpfer eigentlich Recht damit hat, dass man ab und zu auch mal an die Umwelt und den Klimawandel denken könnte. Und es schadet auch nicht, wenn wir unsere festgefahrenen Ansichten ab und zu an anderen reiben können, die nicht zu allem „Ja, ja, so war es ja schon immer“ sagen. Dadurch kann man sich auch prima selbst bestätigen, da man natürlich in allem Recht hat …

Warum mit 60?

Sie geraten in Ihrem Alter in Gefahr, nicht mehr in allen Dingen am Puls der Zeit zu sein – das muss nichts Schlechtes sein. Irgendwie sind Sie aber auch noch zu jung für Seniorenrunden, in denen Sie nur noch unter Ihresgleichen sind. Durch jüngere Freunde bekommen Sie mit, was gerade in Mode ist – und die können Ihnen mit dem Computer helfen, jetzt, wo die Kinder aus dem Haus sind.

Die Kinder loslassen

Wenn Sie keine richtigen Nesthocker herangezogen haben, werden Ihre Kinder in den letzten Jahren das Weite gesucht und ihr Elternhaus verlassen haben. Es kann schon schwer genug sein, das zu akzeptieren. Plötzlich ist es so leer und still im Haus und Sie sitzen mit Ihrer Frau alleine beim Abendessen. Wenn das Telefon klingelt, springen Sie beide auf, es könnte ja der Sohn und/oder die Tochter sein, die sich ja schon so lange (seit zwei Tagen) nicht mehr gemeldet haben. Wenn es dann wieder nur ein Werbeanruf war, fallen Sie enttäuscht in Ihren Stuhl zurück. Diese undankbaren Kinder! „Aus den Augen, aus dem Sinn" heißt es bei denen wohl. Dabei haben Sie Ihre Tochter doch erst per Mail auf interessante Stellenangebote im Internet hingewiesen und Ihrem Sohn geraten, dass er jetzt unbedingt die Reifen am Auto wechseln muss, weil nächste Woche ein Wintereinbruch bevorsteht …

Stopp! Wenn Sie nicht bis zu Ihrem Lebensende in Ihrer Vaterrolle bleiben und Ihren Kindern so auf die Nerven gehen wollen, dass sie sich irgendwann gar nicht mehr melden, sollten Sie damit anfangen, Ihre Kinder loszulassen. Die sind jetzt erwachsen und wollen ihr eigenes Leben führen. Dazu gehört eben auch, dass man nicht jeden Tag zweimal anruft oder nicht ständig die guten Ratschläge von Papa hören will. Gerade wenn man frisch von zu Hause ausgezogen ist, muss man erst einmal einen eigenen Weg für sich finden. Sie haben Ihre Kinder doch gut erzogen? Dann können Sie auch davon ausgehen, dass sie ihr Leben schon selbst auf die Reihe bringen werden, wenn Sie nicht jeden Tag intervenieren.

Wie sieht es eigentlich mit den ehemaligen Kinderzimmern aus? Sind die immer noch so, wie Ihre Kinder sie verlassen haben? Dann wird es höchste Zeit, das zu ändern, denn das gehört auch zum Loslassen dazu. Richten Sie sich doch dort einen Hobbyraum ein – egal ob ein Billard- oder Musikzimmer oder eine gemütliche Bibliothek: Sie spüren dann, dass es auch Vorteile hat, dass die Kinder nicht mehr im Haus sind.

Warum mit 60?

Spätestens wenn Ihre Kinder allmählich selbst Eltern werden, ist es nicht mehr nötig, dass Sie die Vaterrolle spielen. Sie haben dann ja auch die Enkel, auf die Sie Ihre Energien richten können. Außerdem ist es für Sie selbst nur von Vorteil, wenn Sie in Bezug auf Ihre Kinder loslassen können: Wenn Sie in ein paar Jahren in Rente gehen, wird sich Ihr Leben sowieso radikal ändern. Da tut es gut, wenn man auch familiär auf einen Neustart vorbereitet ist.

Die Kinder um Rat fragen

Wenn wir es schaffen, unsere Kinder loszulassen, anzuerkennen, dass sie ihr eigenes Leben führen und zu erwachsenen Persönlichkeiten herangereift sind, ändert sich auch die Art, wie wir mit ihnen umgehen. Bisher stand doch eines fest: Wir wissen alles besser als die in ihrem jugendlichen Leichtsinn. Schließlich haben sie ja auch fast alles von uns gelernt. Wie man die Toilette benutzt, zum Beispiel, den Übersteiger beim Fußball, wie man mit dem Akkuschrauber oder mit den Frauen umgeht. Klar, Letzteres wollte der Sohnemann nicht unbedingt von uns lernen, aber um gute Ratschläge waren wir nie verlegen. Und jetzt? So viel werden Sie Ihren Kindern heute nicht mehr beibringen können, das Nötige zum Überleben wissen sie schon. Es wird Zeit, den umgekehrten Weg zu gehen: Fragen Sie auch mal Ihre Kinder um Rat, wenn Sie einen benötigen!

Bei manchen Dingen konnten die Kinder Ihnen vielleicht schon immer helfen. Vor allem mit dem Computer, dem Handy oder dem Internet – damit geht die jüngere Generation einfach leichter um, weil sie damit aufgewachsen ist. Aber auch in anderen Fragen können Sie auf einen guten Rat von ihnen hoffen. Paradebeispiel: Sie haben irgendeinen kleinen Zwist mit Ihrer

Frau. Sie möchten sich gerne versöhnen, aber auch nicht klein beigeben. Ihre Kinder können aus langjähriger Beobachtung Ihrer Streitigkeiten die Lage vielleicht besser einschätzen als Sie selbst. Außerdem sollten Sie nie unterschätzen, wie gut Ihre Kinder Sie kennen – und das nicht nur als den Papa, der schnell mit Werkzeug und Trost zur Hand ist, wenn Not am Mann ist. Sondern auch als einen Menschen mit all seinen Schwächen und Fehlern. Deswegen weiß Ihre Tochter oder Ihr Sohn vielleicht in manchen Situationen recht gut, was besser oder schlechter für Sie wäre.

Warum mit 60?

Das Verständnis, das unsere Kinder für uns als Personen haben, erlebt noch einmal einen Quantensprung, wenn sie selbst Kinder haben. Sie tragen ihren Vätern dann manchen Fehler nicht mehr nach, der in der Erziehung gemacht wurde. Davon abgesehen hat sich in den letzten Jahren die klassische Vater-Kind-Rollenverteilung doch sowieso mehr und mehr aufgelöst, je erwachsener die Kinder wurden. Wenn die Kinder einmal zu guten Freunden werden sollen, ist es gut, wenn man sich auch wechselseitig mit Ratschlägen helfen kann.

Ihre finanzielle Situation ordnen

Eigentlich sind Männer ja sehr gewissenhaft, was den Überblick über ihre finanzielle Situation anbelangt. Zumindest wird das so behauptet, gerade im Vergleich zu Frauen, die angeblich oft in Anbetracht des schönen neuen Kleids oder der fantastischen Uhr übersehen, wie wenig Geld eigentlich noch auf dem Konto ist. Umgekehrt sind zwei Drittel aller Personen, die in Deutschland verschuldet sind, Männer. Weil man eben dann doch schnell einen Kredit aufnimmt, um sich den neuen BMW leisten zu können. Oder, ganz einfach, weil es meistens die Männer sind, die beispielsweise die Schulden vom Hausbau abstottern.

Wie dem auch sei, irgendwelche finanziellen „Leichen" haben wir doch alle noch im Keller. Ob es noch ausstehende Ratenzahlungen für Haus, Auto oder Waschmaschine sind oder unrentable Aktiendepots, Studienkredite der Kinder oder ein ererbtes Grundstück, das jährlich nur Kosten durch Steuern verursacht, obwohl es nicht genutzt wird. Es ist an der Zeit, einmal Ordnung in diese Angelegenheiten zu bringen.

Verschaffen Sie sich einen Überblick über Ihre Zahlungsverpflichtungen. Wie hoch sind Ihre monatlichen Belastungen und wie lange dauert es noch, bis Haus, Auto oder der Flachbildfernseher abbezahlt sind? Ist bis zur Rente alles in trockenen Tüchern? Bald werden Sie mit weniger Geld auskommen müssen, als Sie bisher gewohnt sind – aber immerhin gehören Sie zu den Glücklichen, die überhaupt noch eine Rente bekommen.

Warum mit 60?

So langsam ist das Ende Ihres Arbeitslebens abzusehen – und damit auch das Ende der regelmäßigen Einkünfte. Bis Sie in Rente gehen, sollten Sie alte Schulden beseitigt haben, damit Sie für Ihren Ruhestand finanziell gut planen können. Überhaupt: Viele zusätzliche Kosten fallen demnächst weg. Die Kinder stehen hoffentlich allmählich auf eigenen Füßen, das Haus ist abbezahlt. Vielleicht lohnt auch eine Überlegung, wie man das dadurch gewonnene Geld sinnvoll in neue Projekte investieren kann?

Zehn Dinge, die Sie nicht mehr tun müssen

Genauso praktisch wie sich To-do-Listen zu schreiben, ist, sich Not-to-do-Listen zu schreiben. Aber das machen noch weniger Männer. Ich schon! Und hier ist meine persönliche Not-to-do-Liste für Sie: mein Geburtstagsgeschenk zum Sechziger!

Runde Geburtstage feiern

Womöglich haben Sie gerade ein rauschendes Fest hinter sich: Den Sechzigsten begeht man ja oft, indem man noch mal richtig auf den Putz haut, die ganze Verwandtschaft einlädt, alle Freunde und Kollegen. Vielleicht haben Sie zu dieser Gelegenheit auch dieses Büchlein geschenkt bekommen? Hoffentlich haben Sie sich ordentlich feiern lassen! Vielleicht gehören Sie aber auch zu den Menschen, denen der Trubel um die eigene Person zu viel ist. Sie haben an Ihrem Geburtstag das Telefon ausgesteckt und sich mit Ihrer Frau einen schönen Tag im Gebirge oder bei einer Radtour gemacht. Manche Leute sind an runden Geburtstagen ja eher deprimiert und wollen lieber nicht von zig Leuten gesagt kriegen, dass sie jetzt zu den alten Säcken gehören …

Es ist auch eine komische Sache mit den runden Geburtstagen. Es handelt sich doch bloß um eine willkürliche Jahreszahl, die in unserem Kulturkreis eben zufällig durch zehn teilbar ist. Die alten Maya rechneten zum Beispiel mit ganz anderen Zahlensystemen, da waren unterschiedliche Lebensabschnitte entscheidend. Überhaupt ist das Geburtstagfeiern ein relativ neuer Brauch – erst seit dem 16. Jahrhundert gibt es das überhaupt in Europa. So gesehen relativiert sich der Stellenwert der runden Geburtstage ganz gewaltig. Zumindest bietet diese Sichtweise eine gute Ausrede, solche nicht mehr feiern zu wollen. Und mal ganz ehrlich: Über den 18. Geburtstag hat man sich ja noch gefreut wegen der damit einhergehenden Volljährigkeit (endlich saufen, Auto fahren und ab in die Disco). Der 20. war relativ egal, der 30. schon eher Grund für eine kleine Krise. Und das wurde dann bis heute immer schlimmer. Warum sollte man sich also noch mit Gewalt an die runden Geburtstage klammern?

Warum ab 60 nicht mehr?

Dass um den 60. Geburtstag so ein Bohei gemacht wird, hängt mit zwei heute gar nicht mehr gültigen Aspekten zusammen: Zum einen war es früher bemerkenswert, wenn man überhaupt so alt geworden ist. Heute ist das doch nichts Besonderes mehr. Zweitens ging man früher mit 60 in Rente – darüber kann man heute nur noch milde lächeln. Warum sollten Sie also auch in Zukunft noch Ihre runden Geburtstage feiern? Feiern Sie doch lieber, wenn Ihnen danach ist! Und vor allem: so lange Sie noch können. Der nächste richtig runde Geburtstag wäre dann ja der 75. – das wäre schon eine verdammt lange Zeit bis zur nächsten Party!

Krankfeiern

... oder auch: blaumachen. Wissen Sie, woher der Ausdruck „Blaumachen“ kommt? Früher war es in Klein- und Handwerksbetrieben üblich, am Montag, wenn überhaupt, nur mit halber Kraft zu arbeiten. (Frisöre oder Gasthäuser betreiben das zum Teil noch heute so). Diesen Faulenzertag bezeichnete man dann als „blauen Montag“ – warum „blau“, ist bis heute umstritten. Nahe liegt, dass an solchen Tagen auch eifrig gezecht wurde, man also am Montag regelmäßig blau war. Von diesem Brauch, der den Faulenzern erst mit scharfen Gesetzen ausgetrieben werden konnte, leitet sich das „Blaumachen“ ab – dass man eben, vorsichtig ausgedrückt, zwischendurch mal einen Ruhetag ohne Attest oder Urlaub einlegt.
Angeblich ist in Deutschland das Blaumachen gar nicht so beliebt. Nur ein Fünftel aller Arbeitnehmer gab bei einer Umfrage 2007 an, schon einmal ohne triftigen Grund in der Arbeit gefehlt zu haben. In anderen europäischen Ländern sieht es da – wenig überraschend – ganz anders aus. Wie steht es mit Ihnen, lassen Sie gelegentlich mal fünfe gerade sein und legen zu Hause die Füße hoch, während Ihre Kollegen malochen müssen?

Warum ab 60 nicht mehr?

Falls ja, wäre es jetzt an der Zeit, damit aufzuhören! Irgendwie erinnert das Blaumachen im Job doch sehr an die pubertäre Trotzphase, wo man lieber irgendwo auf der kalten Straße herumgehangen hat, als in die Schule zu gehen. Sie haben das Blaumachen nicht mehr nötig, denn Sie wissen mittlerweile, wie Sie den Arbeitstag auch vor Ort so gestalten können, dass Sie sich keine Beine ausreißen, wenn Sie halt mal gar keine Lust haben. Und Sie sind jetzt auch in einem Alter, wo man sich ernste Sorgen macht, wenn Sie mal krank sind – ehe Sie viele besorgte Anrufe von Kollegen abwimmeln müssen, gehen Sie doch lieber zur Arbeit!

Darauf achten, was die Leute sagen

„Was sollen denn die Leute denken?“ ist eine Überlegung, die von klein auf täglich unsere Handlungen mitbestimmt. Da sind der offene Hosenstall oder der Zahnpastafleck auf dem Jackettärmel nur das geringste Übel. Schon als Schüler galt es, sich einen gewissen Ruf zu erarbeiten – um bei den anderen Jungs und natürlich vor allem den Mädels gut anzukommen. Ob dieser Ruf dann immer ein guter war, sei mal dahingestellt. Später wird man sich dann aber unbedingt um das bemüht haben, was man einen guten Ruf nennt – sei es am Arbeitsplatz, gegenüber Schwiegervater und -mutter oder in der Nachbarschaft. Da geht man eben nicht nur mit einer Unterhose bekleidet raus zum Briefkasten, um die Zeitung zu holen. Oder man dämpft die Jubelschreie bzw. das Ärgerbrüllen beim Fußballschauen. Und zieht sich nicht jeden Abend für alle sichtbar vor dem Haus sitzend eine Flasche Rotwein rein …
Natürlich soll man sich nicht öffentlich zum Gespött oder zum gefühlten Fall für die Heilsarmee machen. Aber muss man sich sein ganzes Leben von dem „Was sollen die Leute denken?“ mitbestimmen lassen? Erstens denken die meisten Leute von Haus aus sowieso recht wenig. Und wer sind diese „Leute“

eigentlich? Vielleicht ist Ihr Nachbar sogar ganz froh, wenn Sie die Zügel und die Sitten ein wenig lockern – er bemüht sich nämlich genauso wie Sie darum, nicht zu sehr unangenehm aufzufallen. Wenn Sie mit schlechtem Beispiel vorangehen, muss man sich möglicherweise nicht mehr so krampfhaft gegenseitig belauern. Sie werden sehen, das kann befreiend wirken, wenn Sie es in einem gesunden Rahmen betreiben. „Ist der Ruf erst ruiniert, lebt es sich ganz ungeniert" heißt es schließlich nicht umsonst …

Warum ab 60 nicht mehr?

Entweder haben Sie heute einen gutem Ruf oder nicht – den haben Sie sich erarbeitet und der lässt sich nicht durch ein paar gelockerte Sitten rückgängig machen. Ihr ganzes Leben haben Sie sich daran orientiert, in einem guten Licht dazustehen. Jetzt ist es Zeit, auch mal an sich selbst zu denken. Niemand wird Ihnen das übel nehmen, im schlimmsten Fall unterstellt man Ihnen, dass Sie im Alter verschroben werden …

Für das Leben lernen

Das Leben ist angeblich ein immerwährender Lernprozess. Klar, es prasseln jeden Tag neue Informationen und Techniken auf uns ein, die wir uns zu eigen machen müssen. Irgendwann hat mittlerweile jeder dann doch mal eine SMS geschrieben – auch wenn er sich jahrelang erfolgreich gegen das Handy gewehrt hat. Im Zeitalter von „Info-Points" und „Wireless Hotspots" lernt man zumindest unbewusst ein paar Brocken Englisch, auch wenn man sich bisher nicht mit der Sprache beschäftigt hat. Die Steuererklärung lernen wir online zu erstellen, den Fotoapparat (digital, nicht mit Film) bestellen wir übers Internet und so weiter. Wenn wir da nicht bereit sind zu lernen, bleiben wir womöglich auf der Strecke.

Allerdings sind solche technischen Fertigkeiten auch kein Hexenwerk. Ob Sie Ihr Buch jetzt im Laden kaufen oder im Internet, der Vorgang ist im Grunde der Gleiche. Und selbst bei der Deutschen Bahn mit all ihren Anglizismen finden Sie schon noch irgendwen, den Sie direkt und auf gut Deutsch anmaulen können. Entscheidend ist im Leben doch, was wir für uns als Person dazulernen – und da ist man irgendwann mit allen Wassern gewaschen. Wenn man heute noch über Sie sagt: „Der lernt auch nichts aus seinen Fehlern" – egal, Sie leben schon eine ganze Weile damit. Dann haben Sie eben Lust darauf, immer die gleichen Fehler zu machen. Irgendwann ist es auch mal gut mit dem Dazulernen!

Warum ab 60 nicht mehr?

„Was Hänschen nicht lernt, lernt Hans nimmermehr" heißt es im Volkmund. Wie soll das dann erst bei Opa Hans funktionieren? Niemand kann Sie mehr in die Pflicht nehmen, neue Fertigkeiten oder Eigenschaften dazuzulernen. Am Arbeitsplatz wird man Sie ja auch damit verschonen, noch eben Chinesisch zu lernen, um mit den neuen Geschäftspartnern aus Fernost zu verhandeln. Und Ihre Frau hat sich längst daran gewöhnt, dass Sie ab und zu mal einen über den Durst trinken und am nächsten Tag furchtbar jammern. Oder dass Sie den blöden

Valentinstag einfach nicht auf Ihrem Radar haben. Sie sind ein gereifter Mann und brauchen nicht mehr in der Schule des Lebens zu pauken!

Einen Sitzplatz im Bus/in der U-Bahn ablehnen

O je, das war ein Schock! Wie ein junger Herkules waren Sie in letzter Sekunde noch in den überfüllten Bus gesprungen. Sie haben überhaupt nicht gekeucht dabei, keinen roten Kopf bekommen und sich auch nicht den Rücken gehalten. Mit jugendlicher Eleganz haben Sie die Fahrkarte abgestempelt und wollten sich gerade auf Ihren Stammplatz stellen – die gefährliche Stelle in der Busmitte, wo es immer so schwankt –, da steht doch neben Ihnen ein junger Halbstarker auf, so ein Typ mit grün gefärbten Haaren und Sicherheitsnadeln im Ohr und – bietet Ihnen seinen Sitzplatz an!

Den haben Sie natürlich brüsk abgelehnt, aber der Schock saß tief. Sehen Sie wirklich schon so alt aus? Was weiß der denn schon, für den sind wahrscheinlich alle über dreißig „Gruftis", oder wie die jungen Leute das nennen. Aber wieso waren Sie da eigentlich so gekränkt? So ein Sitzplatz hat doch was für sich! Jedenfalls ist es besser, als ständig gegen die anderen Fahrgäste geschleudert zu werden, wenn der griesgrämige Busfahrer mal wieder eine Vollbremsung hinlegt. Oder den übervollen Rucksack eines Studenten bei jeder Kurve ins Gesicht gedrückt zu bekommen. Lassen Sie Ihre Eitelkeit doch beiseite und nehmen Sie solche Angebote dankbar an!

Warum ab 60 nicht mehr?

Es kommen noch genug Unannehmlichkeiten im Alter auf Sie zu: Warum dann die Vorteile ausschlagen? Nutzen Sie Ihr Kapital als reiferer Herr und lassen es sich gut gehen! Räuspern Sie sich laut, nachdem Sie das U-Bahn-Abteil betreten haben – sofort werden Ihnen mehrere Sitzplätze angeboten werden. Ein schlechtes Gewissen, weil Sie die anderen Fahrgäste dadurch austricksen (selbstverständlich, Sie könnten ja ohne Weiteres noch die ganze Strecke der transsibirischen Eisenbahn im Stehen bewältigen), brauchen Sie nicht zu haben. Die anderen fühlen sich ja auch gut, wenn Sie dem vermeintlichen hilflosen Alten helfen konnten!

Frauen abschleppen

Das Leben eines Mannes ist natürlich in vieler Hinsicht vom anderen Geschlecht geprägt. Es begann schon im Kindergarten oder in der Grundschule: diese junge Erzieherin, die uns immer so nett getröstet hat, wenn wir der Mama hinterhergeweint haben, die war damals die Frau der Träume! Dann die ersten Schwärme in der Schule – was haben wir uns für die abgemüht! Extra den Tanzkurs besucht, um mal eine Chance zu haben, ihr nahe zu sein. Wenn wir im Sport- oder Musikunterricht besonders viel geübt haben, war das doch immer auch mit dem Hintergedanken, den Mädchen dabei zu gefallen. Und so ging es ein Leben lang weiter!

Männer mussten – zumindest in Ihrer Generation – eben noch die Aufreißer markieren. Die Damen wollten erobert werden, da war meist noch nichts von geschlechtlicher Gleichberechtigung zu spüren. Und mal ganz ehrlich: Wenn es nicht reicht, das größte Geweih zu haben oder sich brüllend auf die Brust zu klopfen, wie es unsere tierischen Verwandten vorleben, ist es für Männer eine richtige Tortur, die Angebetete zu beeindrucken. Von der ständigen Angst, einen Korb zu bekommen, mal abgesehen: Oft mussten wir uns verbiegen und verleugnen, Dinge tun, die wir eigentlich hassen (in den Tanzkurs gehen, die Ballettaufführung besuchen, bei der Party nüchtern bleiben, um nicht schlecht dazustehen etc.). Oder uns in unbequeme oder läppische Klamotten zwängen, weil die gerade angesagt waren. Herumstottern, schwitzen, tausendmal anrufen, bis man endlich zusammen ausgegangen ist: So schön sie rückblickend auch erscheinen mag, diese Zeit voller Aufregungen und Eroberungen – im Grunde war sie doch furchtbar. Glücklich kann sich der Mann schätzen, der das nicht mehr nötig hat!

Warum ab 60 nicht mehr?

Hoffentlich haben Sie Ihre Frau fürs Leben gefunden und leben in einer glücklichen Beziehung! Wenn es mal nicht gut läuft, denken Sie nur an die Zeit zurück, wo Sie alleine ohne Gutenachtkuss ins Bett gestiegen sind und jeden Abend herumdrucksend nach einer neuen Flamme Ausschau gehalten haben. Sollten Sie Single und auf der Suche sein, kann man in Ihrem Alter ja auch nicht mehr unbedingt von „aufreißen" sprechen. Womöglich sind die Damen froh, wenn sich noch eine Gelegenheit bietet, und ergreifen von sich aus die Initiative. Jedenfalls brauchen Sie sich nicht mehr zu verstellen und zu verbiegen – in Ihrem Alter schätzt man Sie als die Persönlichkeit, die Sie sind …

Für die Rente vorsorgen

Die Zeiten, wo die Rente angeblich sicher war, sind längst vorbei. Täglich malträtieren uns die Medien mit neuen Schreckensnachrichten, wie schlecht es uns allen im Alter gehen wird. „Altersarmut“ ist das Stichwort. Zum Teil ist unsere Generation ja selbst daran schuld: Hätten wir mal mehr Kinder in die Welt gesetzt, die später wieder in den Rententopf einzahlen!

Aber wir konnten ja auch nicht ahnen, dass unsere Lebenserwartung einmal so hoch sein wird. Wer heute 60 ist, wird im Durchschnitt noch über 20 Jahre leben – wohlgemerkt: im Durchschnitt! Das bedeutet, für jeden in unserem Alter, der vor diesen 20 Jahren die Löffel abgibt, wird ein anderer entsprechend noch älter. Und wer weiß, welche Fortschritte die Medizin bis dahin noch machen wird! Es stehen uns zum Glück also noch viele glückliche Jahre bevor. Und damit wir die auch genießen können, ohne zum Altersprekariat zu zählen, haben wir ja längst vorgesorgt! Auch wenn wir gelegentlich über den Anteil, der uns vom Gehalt abgezogen wird, gestöhnt haben, mittlerweile sind wir froh darum. Und auch der Betrag auf dem jährlichen Rentenbescheid, der anfangs so lächerlich gering war, kann sich langsam sehen lassen.

Warum ab 60 nicht mehr?

Die Jahre Ihres Berufslebens sind gezählt – wie viele es genau sein werden, ist bei jedem unterschiedlich. Die Sorgen um die Rentenversicherung, etwaige private, Riester- oder ähnliche Rentenmodelle gehören bald der Vergangenheit an, und Sie können das auskosten, was Sie sich angespart haben. Rentenvorsorge – damit sollen sich in Zukunft die Jüngeren herumschlagen!

Geld für schlechte Zeiten zurücklegen

Sicher war es oftmals in Ihrem Leben nötig, Ihr Geld zusammenzuhalten. Ob es sich um Sparbücher oder Bausparverträge handelte oder um alltägliche Ausgaben ging, oft haben Sie sich das verwehrt, was Sie gerne gehabt hätten. Dann gab es eben doch nur den Urlaub in Italien anstatt in den USA. Den Passat anstelle des BMWs. Gemüse von Aldi anstatt aus dem Feinkostladen. Aber mal ganz ehrlich: Haben Sie das jetzt noch nötig? Wann wollen Sie eigentlich damit aufhören, immer nur Geld zurückzulegen?

Wenn Sie einen halbwegs sicheren Beruf haben, zumindest zum jetzigen Stand die Aussicht auf eine solide Rente und keine Schulden abzubezahlen haben: Lassen Sie es gut sein mit dem Sparen! Für welche Zeiten müssen Sie denn noch Geld zurücklegen? Die Kinder stehen doch inzwischen auf einigen Füßen und haben ihre eigenen Sparverträge. Das Haus oder das Auto sind auch bald abbezahlt. Wie, Sie haben am Ende noch einen spät abgeschlossenen Bausparvertrag im Keller? „Wer jetzt kein Haus hat, baut sich keines mehr", heißt es bei Rilke, und das gilt bald für Sie – fangen Sie also mit dem Bauen an oder hauen Sie das gesparte Geld auf den Putz! Eine sparsame Familienkutsche brauchen Sie auch nicht mehr, der nächste Wagen darf ruhig etwas mehr kosten (und, wenn Sie darauf Wert legen, auch mehr verbrauchen). Erfüllen Sie sich Ihre Urlaubsträume, die Sie sich aus Geldgründen bisher versagt haben! Und was die Dinge für den täglichen Bedarf angeht: Jede Woche in den Prospekten der einzelnen Discountmärkte zu lesen, wo es welches Produkt gerade besonders günstig gibt, und dann auf Schnäppchenjagd zu fahren – das kostet doch auch nur Zeit und Nerven! Lassen Sie sich in Ruhe von einem Fachmann beraten, was Sie an Ihrem neuen Computer wirklich brauchen, anstatt sich mit Hundert anderen morgens um acht bei Aldi um das neueste Superangebot zu prügeln. Führen Sie Ihre Frau öfter mal zu einem guten Essen aus, gönnen Sie sich so viel wie möglich von dem, das Sie sich früher versagt haben!

Warum ab 60 nicht mehr?

Geld macht nämlich nur dann glücklich, wenn man es auch ausgibt. Jetzt ist der Zeitpunkt gekommen, wo Sie sich hoffentlich keine Sorgen mehr um die Zukunft machen müssen, dann genießen Sie doch die Gegenwart!

Die Gesundheit ignorieren

Wenn Mann jung ist, fühlt er sich beinahe unsterblich. Über die Gesundheit nachzudenken, passt halt auch nicht zum Idealbild des starken, kraftvollen und jugendlichen Draufgängers. Warum an die Folgen des Rauchens denken, wenn die Zigarette in der Hand doch so cool ist? Wenn man nach fünf Bier am Vorabend am nächsten Tag immer noch aufstehen und arbeiten kann, wird das schon nicht so schädlich sein. Überhaupt, die Arbeit: Niemand kann ausdauernder und härter arbeiten als Sie! 15-Stunden-Arbeitstage? Kein Problem! Die ganze Nacht durcharbeiten? Schlaf wird überbewertet! Mit genug Kaffee kann man sich schon wach halten, und mit einer ordentlichen Schweinshaxe kommt man schon wieder zu Kräften. Stressempfinden ist nur ein Zeichen von Schwäche, darum redet man nicht darüber. Sport ist Mord – ein Mann bleibt von sich aus fit, ohne sich mit läppischen Übungen in Form zu halten!

Wenn Sie bisher auf diese Art gelebt haben: Glückwunsch! Denn es grenzt fast an ein Wunder, dass Sie dann so alt geworden sind. Gesundheit ist ein hohes Gut, das werden Sie in den letzten Jahren schon bemerkt haben, wenn vielleicht doch das ein oder andere Zipperlein aufgetaucht ist. Und wenn schon: Es ist für einen Mann keine Schande, auch mal zum Arzt zu gehen! Klar, der Besuch beim Urologen oder die Darmspiegelung stehen nun nicht bei jedem ganz oben auf der Liste der liebsten Freizeitbeschäftigungen. Vorsorge ist aber wichtig – viele lebensbedrohliche Krankheiten können verhindern werden, wenn man sich regelmäßig dem Gummihandschuh des Arztes stellt …

Warum ab 60 nicht mehr?

Sie wollen doch noch einige Zeit leben und Ihre Rente genießen. Was haben Sie davon, wenn Sie noch ein paar Jahre schuften und dann krank werden, sobald Sie im Ruhestand sind? In Ihrem Alter ist es einfach nötig, auf die Signale des Körpers zu hören und ihn nicht wie ein Wegwerfprodukt zu behandeln. Außerdem sind Sie dann doch am Puls der (Alters-) Zeit: Die Gesprächsthemen Ihrer Freunde werden sich in den nächsten Jahren und Jahrzehnten immer mehr um Krankheiten und Zipperlein drehen – da können Sie Ihre eigene Gesundheit gar nicht mehr ignorieren, wenn Sie mitreden wollen!

Belanglose Dinge ansammeln

Ohne Frage, in einem Haushalt sammeln sich eine Menge Dinge an, auch wenn man regelmäßig ausmistet. Vieles möchten wir nicht wegwerfen, obwohl es eigentlich keine besondere Bedeutung mehr für uns hat. Die Vase im Flur haben wir zwar von der Großmutter geerbt, verbinden damit aber keine Erinnerungen an sie. Und was ist mit dem gut gemeinten Geschenk der Schwägerin, einer antiken Uhr, die wir aber scheußlich finden?

Geschenke sind überhaupt ein Fall für sich. Wenn Sie keine ausgesprochen kreativen Freunde haben oder sich die Dinge nur nach eigenem Wunschzettel schenken lassen, sammelt sich eine ungeheure Menge an Ballast in der Wohnung an: Bücher oder CDs, die einen nie interessiert haben, Krawatten in schrecklichen Formen und Farben oder Rasierwässerchen, die Sie nie benutzen und die schon Geruch und Farbe verloren haben. Ganz ähnlich verhält es sich mit vielen sogenannten „Souvenirs" aus diversen Urlauben: Muschelschalen, hölzerne Pferdchen, Flaschenschiffe oder unbespielbare Flöten – wenn Sie keine besonderen Erinnerungen damit verbinden, stehen die vermutlich immer noch an dem Platz, an dem sie nach dem Urlaub abgestellt wurden, und geraten nur mal wegen der fingerdicken Staubschicht, die sich darübergelegt, ins Blickfeld.

Wenn Gegenstände keine Bedeutung für Sie haben, sollten Sie sich davon befreien. Manches davon können Sie zum Beispiel verschenken oder, wenn Sie Lust darauf haben, auf dem Flohmarkt verkaufen. Vielleicht kennen Sie aber auch jemanden, der genau die antike Uhr Ihrer Schwägerin unheimlich toll findet. Dann schenken Sie sie ihm – so freuen sich nämlich zwei Menschen: Sie, weil Sie das Teil endlich los sind, und der Uhrensammler, dem genau dieses Stück noch in seiner Sammlung gefehlt hat. Der Schwägerin erzählen Sie dann eben beim nächsten Besuch, dass das gute Stück leider irreparabel kaputt gegangen sei. Es ist ja leider nicht ganz einfach, für so alte Gegenstände in der heutigen kurzlebigen Zeit die passenden Ersatzteile aufzutreiben.

Warum mit 60 nicht mehr?

Mittlerweile können Sie mit all Ihrer Lebenserfahrung unterscheiden, welche Dinge für Sie eine Bedeutung tragen und welche nur unnütze Staubfänger sind. Sie brauchen also gar nicht wieder damit anzufangen, solchen Krimskrams anzusammeln. Und denken Sie auch an Ihre zukünftigen Erben: Die haben dann nicht nur Ärger mit dem ganzen Geraffel, sondern werden ganz genau wissen, was davon bedeutungsvoll war und ist – den Rest kippen sie dann so oder so in die Tonne.

Zehn goldene Tipps, um Ihr Leben zu entschleunigen

Die Zeit rast nur so dahin. Haben Sie auch manchmal das Gefühl, dass Ihnen die Zeit davonläuft? Keine Panik: Sie sind zwar 60 – doch Sie haben noch einige Jahre vor sich. Trotzdem sollten Sie Zeit haben, dieses Leben auch zu genießen. Wie Sie Ihr Leben entschleunigen können, verraten Ihnen die folgenden Tipps.

Bekämpfen Sie Störenfriede

Kennen Sie auch solche Arbeitstage, wo irgendwie gar nichts vorangeht? Kaum sind Sie im Büro, kommt schon der erste Kollege vorbei und erzählt Ihnen, was er am Wochenende erlebt hat. Dann wollen Sie bloß schnell etwas kopieren, doch am Kopierer stehen Sie ewig in der Schlange und geraten wieder in Gespräche. Beim Chef müssen Sie eine halbe Stunde im Vorzimmer warten, weil er noch telefoniert, dann muss er plötzlich dringend weg und verschiebt die Besprechung mit Ihnen auf morgen. Spätestens nach der Mittagspause, wo man wieder über eine Stunde zusammen sitzen geblieben ist, streichen Sie die Segel und nehmen sich Arbeit mit nach Hause, um heute überhaupt noch was zu schaffen. Doch kaum sind Sie in Ihrem privaten Arbeitszimmer, kommt auch schon Ihre Frau mit Keksen und Kaffee, den sie für ihren hart arbeitenden Schatz gekocht hat. Als Sie die E-Mails abrufen wollen, erfahren Sie im Internet plötzlich, dass Michael Schumacher zurückgetreten ist, und müssen natürlich gleich die näheren Umstände in Erfahrung bringen …

Das Ärgerliche an solchen Tagen: Am Abend fühlt man sich trotzdem so, als hätte man einen harten Tag hinter sich, obwohl man fast gar nichts geschafft hat. Deswegen sollten Sie sich der vielen Störenfriede bewusst werden, die Sie am effektiven Arbeiten hindern – und Möglichkeiten finden, diese auszuschalten. Der größte Störenfried sind, machen wir uns nichts vor, Sie selbst. Im Grunde ist Ihnen doch jede Ablenkung von der Arbeit recht. Da ist jede Meldung im Internet willkommen, jeder Kollege, der eine noch so langweilige Geschichte zu erzählen hat. Nehmen Sie sich feste Zeiten, wo Sie sich von solchen Dingen ablenken lassen dürfen, und Zeiten, wo Sie konzentriert arbeiten. Ein „Bitte nicht stören"-Schild an der Tür hilft dabei Wunder – wenn Sie im Gegenzug öfter auch die Bürotür offen stehen lassen, um Kollegen willkommen zu heißen, wird Ihnen das niemand übel nehmen. Genauso können Sie sich Zeiten erlauben, in denen Sie im Internet surfen – vielleicht als Belohnung, nach einer intensiven Arbeitseinheit. Zum Kopierer gehen Sie kurz vor Feierabend, wenn die meisten schon weg sind. Finden Sie kreative Lösungen, wie Sie die vielen Zeitdiebe und Störenfriede austricksen können!

Warum mit 60?

Lässt man sich häufig von solchen Störenfrieden ablenken, gerät man schnell in Stress – der Tag rast dahin, ohne dass man etwas geschafft hätte. Sie sollten sich in Ihrem Alter die Ruhe gönnen, die ein organisierter Tagesablauf mit sich bringt. „Erst die Arbeit, dann das Vergnügen“ ist doch ein Spruch, der älter ist als Sie selbst – halten Sie sich daran, und Sie werden Ihren Feierabend entspannter genießen können!

Verabschieden Sie sich vom Perfektionismus

In der heutigen Zeit kann man manchmal das Gefühl bekommen, keine Schwächen zeigen zu dürfen. Perfektion ist das Ideal, das es zu erreichen gilt. Ewig jung aussehen mit Waschbrettbauch und gebräunter Haut, im Beruf das Höchstmaß an Effizienz an den Tag legen, gleichzeitig ein perfekter Ehemann und Vater sein, zu dem alle aufschauen. Das Problem ist nur: Die vollkommene Perfektion kann niemand erreichen …
Perfektionismus ist eine Volkskrankheit! Viele Menschen stehen sich selbst im Weg, weil ihre Erwartungen an sich selbst einfach zu hoch sind. Man muss nicht in allen Belangen der Schönste, Größte und Tollste sein. Überlegen Sie sich einmal, was Sie in Ihrem Leben bisher schon erreicht haben. Das ist ohne Frage eine ganze Menge und das meiste davon haben Sie doch auch gut gemeistert. Also Schluss mit den überzogenen Erwartungen! Oft verdecken diese nämlich den Blick auf das, was momentan wichtig ist und wir geraten in eine Spirale von unerledigten Dingen und unerfüllten Wünschen. Sprichwörtlich sieht man dann den Wald vor lauter Bäumen nicht.

Warum mit 60?

In dem Alter, in das Sie jetzt kommen, geht vielleicht alles nicht mehr so wie früher: In der Arbeit einen Topjob abliefern, bis acht Uhr abends im Büro bleiben, nebenher noch die Steuererklärung fertig machen, den Kühlschrank reparieren und Ihren Kindern beim Umzug helfen – das schaffen Sie natürlich noch alles, aber nicht an einem Tag oder schon vorgestern. Niemand ist ein Supersportler, ein brillanter Arbeiter, ein mustergültiger Familienvater, ein perfekter Ehemann und ein unschlagbarer Heimwerker gleichzeitig, schon gar nicht in Ihrem Alter. Das heißt nicht, dass Sie sich nicht anstrengen sollen – natürlich dürfen Sie überall Ihr Bestes geben, aber eben Ihr Bestes, nicht das von Superman oder einem anderen unerfüllbaren Ideal.

Erledigen Sie Dinge sofort

Sind Sie auch so ein Typ, der immer alles auf den letzten Drücker erledigen muss? Anstatt über Tage oder Wochen ruhig und kontinuierlich an einer Sache zu arbeiten, machen Sie lieber die Nacht vor dem Abgabetermin durch? Anstatt die Sache sofort zu erledigen, wenn Sie den Auftrag bekommen, lassen Sie das Ganze so lange liegen, bis Sie unter enormen Druck geraten? Anstatt im Büro gleich morgens, wenn Sie fit und ausgeschlafen sind, mit den unangenehmen Arbeiten zu beginnen, ratschen Sie erst noch eine Stunde mit den Kollegen, surfen im Internet und ordnen Ihre Büromöbel neu an?

Es gibt verschiedene Arbeitstypen – manche brauchen den Druck und die kreativen Pausen vorher. Dagegen ist nichts zu sagen, jeder muss seinen eigenen Rhythmus finden, wie er am besten mit der Arbeit zurechtkommt. Allerdings bringt die Aufschieberei schon einige Nachteile mit sich. Wenn wir immer noch die eine unangenehme Sache im Hinterkopf haben, die noch erledigt werden muss, können wir Pausen oder den Feierabend nicht richtig genießen. Auch wenn man heute letztlich nicht viel vollbracht hat, fühlt man sich trotzdem gestresst und überarbeitet. Solange es sich um kleinere Aufgaben handelt, spricht nichts dagegen, diese einfach sofort zu erledigen. Es sind doch manchmal nur wenige Minuten, die es kostet, die blöde E-Mail sofort zu beantworten, anstatt sie ewig im Postfach mit sich herumzuschleppen. Oder zu Hause: Wenn Sie merken, dass die Schublade klemmt oder das Licht ausgebrannt ist, reparieren Sie das besser gleich, als sich tagelang darüber zu ärgern – oder gar eine Auseinandersetzung mit Ihrer Frau zu riskieren!

Warum mit 60?

Im Grunde gehen diese Verschleppungstaktiken doch auf die Zeit zurück, in der wir pubertierende Teenager waren, die ihr Zimmer nicht aufräumen wollten. Da wird es wohl höchste Zeit, sich aus solchen Verhaltensmustern zu befreien! Und ganz ehrlich: Früher konnten Sie doch leichter mit aufgestautem Druck umgehen als heute, oder? Überlassen Sie es den Jüngeren, sich die Nächte mit Arbeit um die Ohren zu schlagen, weil sie immer alles aufschieben müssen.

Finden Sie Ihren persönlichen Rhythmus

Sicherlich gibt es viele Dinge, die nun mal sofort und so schnell wie möglich erledigt werden müssen. Das Schreiben, das bis zum Mittag beim Chef auf dem Tisch liegen soll, muss gleich aufgesetzt werden. Wenn es durch das Dach hereinregnet, kann man nicht erst mal eine ruhige Kugel schieben, sondern muss schnell handeln. Geht es aber darum, längerfristige Aufgaben zu erledigen, darf man durchaus auf seine persönliche, innere Uhr hören.

Manches kann man zu einer bestimmten Zeit nach dem eigenen Rhythmus einfach besser erledigen als zu einer anderen. Vielleicht brauchen Sie einfach länger, bis Sie morgens in die Gänge kommen, und erledigen dann kurz vor der Mittagspause alles Nötige in der dreifachen Geschwindigkeit wie Ihre Kollegen. Oder Sie sind von Haus aus ein besonders gründlicher Mensch und gehen stetig und mit der nötigen Ruhe vor, kommen dabei aber genauso zufriedenstellend ins Ziel. Schauen Sie sich mal einen Langstreckenlauf an: Manche Läufer sprinten los wie die Feuerwehr und werden nach einiger Zeit langsamer, andere lassen es ganz ruhig angehen und setzen erst am Ende zum Schlussspurt an. Dritte halten vom Start bis zum Ziel das gleiche Tempo – unter Umständen kommen alle drei gleichzeitig an. Entdecken Sie Ihr eigenes Tempo und messen Sie sich nicht an anderen, wenn Sie einmal Ihnen gemäße langsame Etappen dabei haben.

Warum mit 60?

Mittlerweile haben Sie genug Erfahrungen zu Ihrer Arbeitsweise gesammelt, dass Sie wissen, wann es sinnvoll ist, das Tempo anzuziehen, und umgekehrt mal gemütlich zu traben. Sie haben erkannt, dass es zu bestimmten Zeiten in Ihrem Arbeitsablauf einfach nichts bringt, sich hektisch voranzuquälen. Vermeiden Sie Stress, wo nötig, und hören Sie auf sich selbst – Sie werden alles schaffen wie gewohnt!

Vereinfachen Sie Ihre Kommunikation

In keiner anderen Hinsicht hat sich die Welt in den letzten Jahren so sehr verändert wie im Bereich der Kommunikation. Gab es vor zwanzig Jahren, also kurz nach der Steinzeit, im Grunde nur drei Möglichkeiten, mit jemandem in Kontakt zu stehen (das persönliche Gespräch, das Telefon und der Schriftverkehr), bieten sich heute unzählige Mittel zur Kommunikation an: E-Mail, Handy, SMS, Videokonferenzen, Skype und andere. Da kann man schnell mal den Überblick verlieren, wer wann wo und auf welche Weise mit einem kommunizieren möchte. Außerdem lässt sich auf den neuen Kommunikationswegen Privates und Berufliches nicht mehr so leicht trennen: Hatte man früher zu Hause ein eigenes Telefon und eine eigene Adresse, ist man auf dem Handy überall gleichermaßen erreichbar, per E-Mail sowieso …

Versuchen Sie, diesen Kommunikationswirrwarr zu vereinfachen. Vor allem sollten Sie Ihr Privatleben ganz deutlich vom beruflichen Leben trennen. Also unbedingt getrennte E-Mail-Adressen, wenn es geht, auch unterschiedliche Handys!

Dadurch werden Sie zum einen bei der Arbeit nicht von Anrufen und E-Mails von Freunden abgelenkt, zum anderen können Sie abends oder am Wochenende den Beruf mit dem Computer und dem Handy einfach ausschalten. Beantworten Sie E-Mails am besten immer sofort – wenn sich ein Rattenschwanz von ungehörten Nachfragen in Ihrem Postfach sammelt, verlieren Sie schnell die Übersicht. Oder Sie laufen Gefahr, dass sich deren Absender irgendwann telefonisch melden, Sie dann erst wieder die E-Mail heraussuchen müssen und so weiter. Machen Sie den Leuten durch automatische E-Mail-Antworten oder Anrufbeantworter klar, wann Sie auf welchem Weg zu erreichen sind und wann nicht. Wenn es Ihnen gelingt, diese Kommunikationsfallen zu entzerren, werden Sie einen spürbaren Zeitgewinn erleben!

Warum mit 60?

In Ihrem Alter sieht Ihnen jeder jüngere Kollege nach, dass Sie nicht immer und überall online und erreichbar sind – diesen Vorteil sollten Sie nutzen! Außerdem können Sie mit Fug und Recht behaupten, dass früher doch alles einfacher war und auch funktioniert hat. Vielleicht schaffen Sie es sogar, ein paar der modernen Kommunikationswütigen zur Vernunft zu bringen!

Verschaffen Sie sich kleine Fluchten

Geben Sie es zu: Ab und zu hatten Sie in den letzten Jahren schon einmal das Gefühl, dass Ihnen die ganze Arbeit zu viel wird. Es gibt Tage, an denen immer mehr kleine Aufgaben auf Sie einprasseln, die Sie eigentlich mit links erledigen. Oder wenn permanent das Telefon klingelt und Sie in Ihrer Konzentration stört. Genauso geht es vielleicht zu Hause, wenn Sie sich Arbeit mitgebracht haben oder etwas reparieren möchten und die Kinder mit den Enkeln zu Besuch sind. Das Babygeschrei geht Ihnen heute durch Mark und Bein, ganz anders als früher mit Ihren eigenen Kindern und es ist Ihnen unmöglich, sich zu konzentrieren …

Ergreifen Sie in solchen Situationen doch die Flucht! Das soll jetzt nicht heißen, dass Sie Ihrem Chef die Kündigung mit den Worten „Ich kann so nicht arbeiten!" auf den Tisch pfeffern. Oder anstatt daheim weiterzuarbeiten in Ihre Stammkneipe flüchten, bis die ganze Bagage wieder abgereist ist. Suchen Sie sich kleine Fluchtmöglichkeiten, die Sie erreichen können, ohne gleich den großen Krach zu riskieren. Im Keller, im Gartenhäuschen oder im Auto ist vielleicht Platz, nehmen Sie Ihre Arbeit dorthin mit – Sie schaffen sie dann in der Hälfte der Zeit, weil Sie nicht ständig abgelenkt sind, und können sich danach mit ganzem Interesse Ihrer Familie widmen. Am Arbeitsplatz wird es doch auch Orte geben, die nicht besonders stark frequentiert sind: Konferenzsäle, die Bank draußen im Innenhof oder ein versteckter Winkel in der Eingangshalle. Suchen Sie sich dort einen Fluchtpunkt, wo Sie dringende Angelegenheiten ohne lästige Störungen schnell und effizient zu Ende bringen können!

Auch abseits vom Job kann es gut tun, sich die eine oder andere Rückzugsmöglichkeit zu schaffen und sich aus dem Alltag oder dem Familienleben auszuklinken. Das kann beim Sport, beim Wandern in der Natur oder auch im Hobbykeller geschehen, in dem Sie so hingebungsvoll an Ihren Modellflugzeugen basteln, dass Sie Raum und Zeit völlig vergessen. Irgendwann ruft Ihre Frau Sie dann zum Abendessen, und Sie denken sich: „Huch, ist es etwa so spät?“ Und sind so entspannt und voller angenehmer Gefühle, als ob Sie gerade einen Kurzurlaub hinter sich hätten.

Warum mit 60?

Wie gesagt, die Toleranz gegenüber störenden Einflüssen wird im Alter geringer, genauso die Multitasking-Fähigkeit, also das gleichzeitige Verrichten mehrerer Tätigkeiten. Niemand wird Ihnen die kleinen Fluchten übel nehmen, weil es ja letztlich nur Ihre Effizienz steigert. Im Alter hat man auch schon mal das Recht auf verschrobene Ideen!

Genießen Sie die Natur

Hektik, Verkehr und Menschenmassen – nirgends geht es so beschleunigt zu wie in der Stadt. Jeder hat es eilig. Wenn wir gemütlich durch die Fußgängerzone schlendern wollen, rasen die Leute an einem vorbei oder rempeln uns sogar noch an. Hat der Bus oder die U-Bahn mal zwei Minuten Verspätung, führen sich alle gleich so auf, als würde die Welt untergehen, wenn sie nicht rechtzeitig zum nächsten Termin ankommen. Den Stress, in den man dort gerät, muss man erst mal wieder abbauen. Nichts eignet sich dafür so gut wie ein gelegentliches Entfliehen in die Natur!

Die Natur in Ihrer unmittelbaren Umgebung bietet genug Potenzial, Ihr Leben zu entschleunigen. Damit ist aber nicht gemeint, dass Sie mit dem Rennrad über die Hügel hetzen wie Jan Ullrich oder mit Skistöcken bewaffnet den Waldboden beim Senioren-Marathon, dem „Nordic Walking“, umpflügen. Gönnen Sie sich einen schönen Spaziergang im Wald um die Ecke oder über die Felder am Stadtrand. Und halten Sie dabei die Augen offen: Wie lebhaft, aber gleichzeitig entspannt es dort zugeht! Auch wenn die Tiere noch so emsig umherhuschen, es wohnt doch eine ganz andere innere Ruhe in ihnen als in uns immer hetzenden Menschen. Wenn Sie öfter die gleiche Strecke entlanggehen, beobachten Sie mal, wie langsam die Pflanzen im Frühjahr wachsen. Jeden Tag können Sie vielleicht ein neues Blatt oder einen neuen Stiel entdecken. Aber trotzdem: Was kann Schöneres hervorgebracht werden als ein blühender Baum oder die Feinheit einer besonderen Blüte? Nehmen Sie sich ein Beispiel an der Natur und genießen Sie die ursprüngliche Ruhe, die sie Ihnen vermitteln kann!

Warum mit 60?

Der Hektik der Großstadt ausgesetzt zu sein macht auf Dauer krank, wenn man sich nicht regelmäßig davon ausklinkt. In Ihrem Alter können Sie die Ruhe und Gelassenheit der Natur gut brauchen, um Ihre Batterien wieder aufzuladen. Außerdem ist es gesund, sich an der frischen Luft aufzuhalten. Das hat Ihre Oma schon immer gesagt, und heute wissen Sie, dass sie recht hatte!

Versuchen Sie nicht, die Probleme anderer zu lösen

Bestimmt sind Sie ein sozialer Mensch. Sie umgeben sich gerne mit Freunden und der Familie und helfen allen, wo Sie können. Wenn in der Wohnung Ihrer Tochter der Wasserhahn tropft – kein Problem, Sie schauen vorbei und reparieren ihn. Wenn sich Ihr bester Freund ein gebrauchtes Auto kaufen will, begleiten Sie ihn zum Händler und helfen ihm bei der Auswahl – vier Augen sehen schließlich mehr als zwei. Auch am Arbeitsplatz geben Sie den jüngeren Kollegen gute Ratschläge und springen mal ein, wenn jemand aus Ihrer Abteilung krank geworden ist. Alles wunderbar! Problematisch wird es nur, wenn Sie über diese großzügigen Hilfeleistungen hinaus auch tiefer gehende Probleme Ihrer Mitmenschen lösen wollen.

Männer und Frauen reagieren nämlich unterschiedlich darauf, wenn ihnen jemand von einem Problem erzählt oder sich bei ihnen ausweint. Frauen wissen, dass es oft am besten ist, einfach zuzuhören und das Elendsbündel in die Arme zu nehmen. Männer suchen sofort nach Lösungen des Problems. Das ist aber für beide Seiten nicht besonders hilfreich. Wenn Ihr Sohn Liebeskummer hat, ist die einfachste Lösung des Problems die am wenigsten hilfreiche: Natürlich wird das schon wieder, natürlich haben andere Mütter auch schöne Töchter und natürlich ist er in einem Monat/einem Jahr … wieder drüber weg. Das will er aber in dem Moment nicht hören! Weil er sich momentan keine andere Frau an seiner Seite vorstellen kann und einfach nur trauern möchte. Zugleich wird es für Sie auf Dauer anstrengend, wenn Sie ständig nach Lösungen von Problemen anderer suchen, die man nicht mit Werkzeug, Ratschlägen oder höchstens noch Geld lösen kann. Früher oder später gehen Sie damit unter Umständen sogar dem Problemfall selbst auf die Nerven!

Warum mit 60?

Sie sollten mittlerweile einschätzen können, wann Ihre Fähigkeiten enden, ein Problem zu lösen, und wann es besser ist, nur Trost oder die Telefonnummer eines guten Psychotherapeuten zu spenden. Belasten Sie sich in Ihrem Alter nicht noch mit dem seelischen Ballast anderer!

Seien Sie entscheidungsfreudig

Seit einem Jahr nervt es ihre Frau und Sie, dass der Fernseher am oberen Bildrand so komische gelbe Streifen hat. Es ist ja auch schon ein alter Kasten, haben Sie den damals nicht gekauft, als der Kabelanschluss gelegt wurde? Seit einem Jahr sind Sie dabei, sich nach einem neuen Gerät umzuschauen, aber das ist ganz schön schwierig. Ihre Frau kann das nicht beurteilen, die hat von technischen Dingen ja keine Ahnung! Soll es jetzt ein HD-fähiger LCD-TV mit LED-Hintergrundbeleuchtung sein oder wird vielleicht in Zukunft die 3D-Funktion immer wichtiger? Und welche Größe soll er haben? Seit einem Jahr tauchen Sie einmal im Monat bei allen großen Elektromärkten auf, durchforsten das Internet nach Informationen und Schnäppchen. Das eine Modell, das eigentlich ganz gut ist, müsste aber doch nächstes Jahr …

Stopp! Mit einem Fernseher muss man keine Bindung fürs Leben eingehen! Entscheiden Sie sich, und das nicht erst nach einem Jahr! Es ist kaum fassbar, wie viel Zeit wir mit Herumdrucksen verschwenden, wenn es um eine noch so unwichtige Entscheidung geht. Wenn Ihre Frau am Abend drei verschiedene Kleider anprobiert, bevor Sie endlich in die Oper gehen können, regen Sie sich doch auch auf! Haben Sie den Mut zu schnellen, auch mal spontanen Entscheidungen – und hadern Sie hinterher nicht mit ihnen, wenn sie einmal getroffen worden sind!

Warum mit 60?

Das Leben ist zu kurz, um es mit Grübeleien und dem Aufschieben von Entscheidungen zu verschwenden. Ihre Lebenserfahrung lehrt Sie doch, dass viele aus dem Bauch heraus getroffenen Entscheidungen die richtigen waren – und dass Ihnen viele gute Gelegenheiten durch die Lappen gegangen sind, weil Sie zu lange gewartet haben.

Finden Sie Ihre Work-Life-Balance

„Work-Life-Balance", was soll das nun wieder sein? Es kann doch eigentlich nur irgendetwas Neumodisches sein, ohne das Sie bisher prima zurechtgekommen sind, oder irgendetwas ganz Banales, was nur wieder durch einen Anglizismus aufgebläht wird! Zugegeben, eigentlich ist das Prinzip der Work-Life-Balance ganz simpel: Es geht darum, sein privates Leben, seine Freizeit, in Einklang mit der Arbeit zu bringen. Es soll

ein inneres Gleichgewicht hergestellt werden, sodass der eine Aspekt nicht den anderen überlagert. Im Klartext: dass man nicht entweder 16 Stunden am Tag im Büro verbringt und nur zum Schlafen nach Hause kommt, oder die Freizeit so über alles andere stellt, dass man schlechte Arbeit abliefert.
Haben Sie Ihre Work-Life-Balance schon gefunden? Denken Sie einmal darüber nach: Wo liegen Ihre persönlichen Prioritäten? Wann sind Sie am Ende des Tages eher unzufrieden mit sich selbst: wenn Sie im Büro nicht recht vorangekommen sind oder wenn Sie abends keine Zeit oder keine Nerven hatten, es sich noch mit einem guten Buch gemütlich zu machen? Es ist wichtig, dass Sie das mit sich selbst abklären. Zur Not gibt es auch Fachliteratur dazu. Burn-out und andere Stresserkrankungen können vermieden werden, wenn man es schafft, Arbeit und Leben in Einklang zu bringen!

Warum mit 60?

Im Grunde sollten Sie mit Ihrer Lebenserfahrung die Work-Life-Balance längst für sich gefunden haben. Wenn Sie jetzt, mit 60 Jahren, immer noch meinen, 16-Stunden-Arbeitstage wären wunderbar, dann stimmt wahrscheinlich etwas mit Ihnen nicht. Bedenken Sie: In ein paar wenigen Jahren gehen Sie in Rente und stehen dann ohne Arbeit da – wenn Sie sich nicht rechtzeitig um ein harmonische Freizeitgestaltung bemühen, droht Ihnen da eine schwere Sinnkrise.

Zehn Dinge, die Mann gegessen oder getrunken haben sollte

Vergessen Sie Sterneköche und den Guide Michelin – hier kommt die wahre Liste der Dinge, die ein Mann einmal in seinem Leben essen oder trinken sollte. Und wenn es Ihnen schmeckt, gerne auch öfter!

Einen selbst gefangenen Fisch

Egal, ob Sie zum Lachsfischen nach Norwegen fahren oder im heimischen Fischerweiher die Angelrute ins Wasser baumeln lassen: Der erste selbst gefangene Fisch erfüllt Sie nicht nur mit großem männlichen Stolz, sondern schmeckt auch noch besser als der teuerste Fisch im Nobelrestaurant. Nie werde ich vergessen, wie mein Vater im Schwedenurlaub seinen ersten Hecht aus dem See vor unserem rot-weißen Ferienhaus zog und die geschichtsträchtigen Worte „Gummihandschuhe, Wassereimer, Fotoapparat" in die Wälder Smålands rief. Genauso wenig werde ich vergessen, wie er feierlich den mittlerweile gegrillten Fisch anschnitt und sich jeden Bissen genüsslich auf der Zunge zergehen ließ. Wir Kinder durften leider nur zusehen (mal ganz abgesehen davon, dass von dem armen Fischlein sowieso keine vierköpfige Familie satt geworden wäre).
Das einzige Problem, das ein solcher selbst gefangener Fisch mit sich bringt, ist, dass Sie ihn auch selbst um die Ecke bringen und ausnehmen müssen. Der dringende Wunsch meines

Vaters nach Gummihandschuhen kam also nicht von ungefähr. Doch ansonsten ist der Genuss eines selbst gefangenen Fisches eine Erfahrung, die jeder Mann einmal gemacht haben sollte. Nun sind Sie wirklich Ernährer und Versorger, der das Essen auf den Tisch bringt. Und der angenehme Nebeneffekt: Wer stundenlang mit der Angelrute am Seeufer sitzt, entschleunigt und entspannt dabei gleichzeitig.

Warum mit 60?

Weil Sie mit 60 auch die Risiken des Angelns nicht scheuen. „Wie bitte: Risiken beim Angeln?“, höre ich Sie jetzt fragen, „jetzt fehlt nur noch, dass Sie Golf als Extremsport bezeichnen!“ Ja, das Angeln birgt auch Gefahren: Mal ganz abgesehen davon, dass Angelhaken auch im eigenen Rücken landen können, wenn Sie beim Auswerfen zu weit ausholen, sollten Sie besonders vorsichtig sein, wenn Sie in tropischen Gewässern fischen. Falls Sie nämlich rein zufällig einen Kugelfisch aus dem Wasser ziehen, sollten Sie ihn lieber zurückwerfen oder ausstopfen, aber keinesfalls essen, denn es könnte sich sonst um einen wirklich einmaligen Genuss handeln …

Etwas Ekliges

Keine Angst, wir wollen Sie nicht ins „Dschungelcamp“ schicken und zum Genuss von Känguruhoden animieren – so was isst schließlich auch in Australien kein Mensch freiwillig. Stattdessen geht es hier um Dinge, die in anderen Ländern als Delikatessen gelten, bei uns aber eher Ekel und Abscheu erwecken.

Um in Australien zu bleiben: Die Witchetty-Maden (englisch „witchetty grubs“) sind bis zu 7 cm lange Larven von Holzbohrern und können roh oder gegrillt gegessen werden. Da sie sehr eiweißreich sind, waren sie ein wichtiges Nahrungsmittel der australischen Ureinwohner. Sie schmecken ähnlich wie Mandeln und wenn sie gegrillt werden, wird ihre Haut knusprig wie bei einem Brathähnchen. In China können Sie Schwalbennestersuppe – eine teure Köstlichkeit aus dem essbaren Speichel eines Vogels namens Weißnestsalangane – verzehren, auf kambodschanischen Märkten verlocken Platten mit frittierten Vogelspinnen und in Afrika kommen Heuschrecken gebraten, geröstet, gekocht oder getrocknet auf den Tisch. Um „eklige“ Dinge zu essen, müssen Sie aber keine Fernreise unternehmen. Ein Ausflug zu unseren europäischen Nachbarn reicht schon. Das schottische Nationalgericht zum Beispiel ist Haggis: Schafsinnereien, vermischt mit Hafermehl, Nierenfett und Zwiebeln und gekocht in einem Schafsdarm. In Frankreich finden Sie Schnecken (escargot) oder Froschschenkel (cuisses de grenouille) auf der Speisekarte. Und das Pferdemädchen in Ihrer Frau oder Freundin würde ganz sicher auch vor Pferdefleisch (viande de cheval) zurückschrecken.

Ob Sie den „Genuss“ von Maden, Spinnen & Co. als eklig empfinden, hängt größtenteils von Ihrer Einstellung ab. Würde man Ihnen die Augen verbinden und Ihnen nicht sagen, was Sie da essen, dann wäre es vermutlich halb so schlimm.

Warum mit 60?

Siehe voriger Punkt: Risiko und so, Sie wissen schon. Mit 60 lässt man es zwar langsam etwas ruhiger angehen, aber ab und zu traut man sich noch etwas. Und wenn es nur darum geht, etwas Ekliges zu essen. Giftig und ungesund kann es ja nicht sein – denn es soll ja Menschen geben, die so etwas gerne essen.

Ein exotisches Tier

Nein, nein, Sie müssen nicht gegen das Artenschutzgesetz verstoßen und einen der letzten Tiger verspeisen. Für viele Mitteleuropäer gilt ja schon ein Tier als exotisch, das nicht in Massen nur für den Verzehr gezüchtet wird. Ein Wildschwein zum Beispiel. Oder ein Elch. Ein bisschen exotischer wollen wir es aber schon haben. Wie wäre es zum Beispiel mal mit etwas Australischem? Nein, wir meinen jetzt nicht die Witchetty-Maden von eben, sondern etwas typisch Australisches. So australisch, wie es nicht australischer sein kann. Auch nicht Kylie Minogue – wir reden von einem Känguru.
Kängurufleisch ist nämlich sehr gesund, da es nur wenig Fett enthält. Auch werden in Australien keine Kängurus für den Verzehr gezüchtet, sondern sie leben wild in freier Natur. Da sie sich in manchen Gegenden zu einer wahren Landplage entwickelt haben, darf jährlich eine bestimmte Zahl erlegt werden, und deren Fleisch geht hauptsächlich in den Export, vor allem nach Europa. Die Australier selbst stehen dem Kängurufleisch nämlich eher misstrauisch gegenüber. Für sie gilt es als minderwertiges „bush food", von dem sich die ersten Siedler und die Aborigines ernährten. Bei einem kultivierten Aussie (böse Zungen behaupten ja, so etwas gebe es gar nicht) landet dagegen lieber Lamm oder Rindfleisch auf dem Barbecue.

Neben den hüpfenden Beuteltieren bietet Australien übrigens noch andere interessante Gaumenfreuden: Krokodil, Emu und Kamelfleisch zum Beispiel. Und wenn Sie jetzt argumentieren, dass Sie keine 1500 Euro für einen Flug nach Sydney ausgeben wollen, nur um einmal ein Känguru zu probieren, das dann am Ende noch zäh wie Leder schmeckt, dann sei Ihnen gesagt: Australische Pubs und Restaurants gibt es in fast jeder deutschen Großstadt. Die „Outland Bar" in München hat zum Beispiel Känguru, Emu und Krokodil auf der Speisekarte stehen – worauf warten Sie also noch?

Warum mit 60?

Ich könnte jetzt ja schon wieder mit dem Thema „Risiko" ankommen, aber was soll an einem Känguru oder Kamel schon riskant sein? Deshalb zitiere ich jetzt mal das alte Sprichwort „Was der Bauer nicht kennt, frisst er nicht." Und Sie sind doch schließlich ein kultivierter Mensch und kein Bauer, oder? (Was natürlich keinesfalls eine Beleidigung gegen unsere Landwirte sein soll. Auch Bauern können nicht nur kultivieren, sondern auch kultiviert sein.)

Eine extrem scharfe Chilischote

Scharf, schärfer, am schärfsten: Wollen Sie wissen, woran man einen echten Mann erkennt? Daran dass er eine mega-scharfe Chilischote essen kann, ohne zu explodieren oder einen Herzinfarkt zu bekommen. Scharf ist nicht gleich scharf. Für den einen ist schon ein „mildes" Gericht beim Thailänder zu viel,

der andere würzt dagegen seine Currywurst noch nach. Es gibt eine objektive Maßeinheit für Schärfe, die sogenannte Scoville-Skala. In Einheiten von 0 bis 10 wird hier die Schärfe von Chilis & Co. gemessen. Einen Schärfegrad von 0 (mild) hat hier zum Beispiel eine Gemüse- oder Tomatenpaprika, eine Peperoni oder Peperoncini (mild bis mittelscharf) bringt es ebenfalls nur auf den Schärfegrad 1. Die bekannte Jalapeño liegt bei Schärfegrad 6–7 (sehr scharf). Am oberen Ende mit einem Schärfegrad von 10 liegen Habanero, Scotch Bonnet, Datil und Bird Eye. Es kommt jedoch noch schlimmer: Die Scoville-Skala geht zwar nur bis 10, doch es gibt sogar noch Chilischoten, die diese Skala sprengen. So legendär ist ihre Schärfe, dass sie lediglich mit der etwas nebulösen Beschreibung „Schärfegrad über 10" beschrieben werden. Auch „megascharf" oder „Scheiße, was ist das denn für ein Teufelszeug" genannt. Und wie heißt das Teufelszeug? Jaga oder Nolokia zum Beispiel.
Immer wieder gibt es auch Wettbewerbe, die Menschen dazu auffordern, so viele scharfe Chilischoten wie möglich in möglichst kurzer Zeit zu verzehren. Wer die körperlichen Wirkungen von zu scharfem Essen kennt, wird sich dabei eine Frage stellen: Kann man eigentlich auch sterben, wenn man zu viel Chili isst? Hier können wir Sie beruhigen, denn Forschungen haben ergeben, dass ein 80 Kilogramm schwerer Mann etwa zehn Kilogramm frische Habaneros zu sich nehmen müsste, um einen tödlichen Schock zu erleiden – und das dürfte zum Glück niemandem gelingen. Mit anderen Worten: Auf Ihre Gesundheit können Sie sich nicht berufen, wenn Sie sich vor dem Verzehr einer extrem scharfen Chilischote drücken wollen …

Warum mit 60?

Nur ein Wort: Risiko! Sie sind doch kein Feigling und werden vor einer winzigen Chilischote kneifen? Eben! Allerdings sollten Sie mit 60 schon ein wenig Vorsicht walten lassen und nicht gleich zu einer teuflisch feurigen Nolokia greifen, wenn Sie kein scharfes Essen gewöhnt sind. Denn auch wenn Sie an einer scharfen Chilischote nicht sterben können, sollen Sie auch nicht voller Grauen an Ihren 60. Geburtstag zurückdenken!

Einen Wein, der teurer ist als das Hauptgericht

Es soll Menschen geben, die kaufen ihren Wein ausschließlich bei Aldi. Oder auch an der Tanke um die Ecke. Schlecht muss dieser Wein nicht zwangsweise sein – aber es gibt auch richtig gute Weine. Und vor allem auch teure. Wirft man zum Beispiel einen Blick in den Onlineshop von Feinkost Käfer in München, so findet man dort einen „2010 Gaja & Rey" für schlappe 200 Euro pro 0,75 Liter. Wer lieber Rotwein mag, kann es mit einem 2003 Château Clos Fourtet für knapp 80 Euro probieren. So tief müssen Sie aber gar nicht in die Tasche greifen – ich will ja nicht, dass Sie sich an Ihrem 60. Geburtstag finanziell ruinieren. Sie sollen nur einmal einen Wein trinken, der mehr kostet als das Hauptgericht. Wenn Sie also bei McDonalds essen, können Sie ruhig weiter die Plörre von der Tanke trinken. Im Restaurant empfehle ich Ihnen zum Beispiel einen 2010er Lugana Cà dei Frati aus Venetien (Weißwein) oder einen 2008er Tempranillo Campo di Dulcinea aus Spanien (Rotwein mit Aromen von Kirschen). Und den schütten Sie dann nicht einfach so hinunter, sondern genießen ihn!

Übrigens: Wein eignet sich auch zur Geldanlage und ist beim Smalltalk sicherlich interessanter als Immobilien oder Gold. Bereits innerhalb eines Jahres kann ein edler Tropfen zehn bis 15 Prozent Rendite bringen. Ein bisschen etwas von Wein verstehen sollten Sie dann aber schon. Geeignet sind hier zum Beispiel junge Weine, am besten Bordeaux, mit einem Kaufpreis von 75 bis 300 Euro. Außerdem sollten Weine für die Kapitalanlage mindestens 80 Punkte von Weinpapst Robert Parker erhalten haben. Sie müssen den wertvollen Rebensaft richtig lagern, damit es nicht zu Qualitätseinbußen kommt: dunkel, bei konstanter Luftfeuchtigkeit und bei etwa zehn Grad Raumtemperatur. Und wenn es Sie nach einem edlen Tropfen gelüstet, dann können Sie diesen Wein natürlich auch trinken.

Warum mit 60?

Bekanntlich hat ja schon Johann Wolfgang von Goethe gesagt: „Das Leben ist zu kurz, um schlechten Wein zu trinken." Und jetzt, mit 60, haben Sie gut zwei Drittel Ihres Lebens hinter sich. Wollen Sie das letzte Drittel etwa auch noch mit schlechtem Wein vergeuden? Irgendwann müssen Sie ja anfangen, die richtig edlen Tropfen zu trinken. Ach ja, und noch was: Wer teuren Wein trinkt, läuft auch nicht Gefahr, zu tief ins Glas zu schauen – hier wägt man sorgfältig ab, ob man sich noch ein Gläschen leisten kann.

Ein selbst gekochtes Gericht

Ich sehe Sie jetzt schon in die Küche laufen und zu „Spaghetti Miracoli“ greifen. Aber das zählt nicht! Und auch nicht die Tiefkühlpizza oder alles, was in die Mikrowelle wandert. Nein, ich rede hier vom richtigen Kochen. Dem Kochen, bei dem Sie selbst die Zutaten einkaufen, das Gemüse klein schnippeln, ein paar Töpfe auf den Herd stellen und ein richtiges Mahl zubereiten. Wenn Sie gerade Single sind, dann höre ich schon Ihren Einwand: „Aber für mich allein lohnt sich das doch gar nicht!“ Na, hören Sie mal! Sie sind Single – wenn Sie nicht für sich kochen, wer denn dann? Ihr Mutter etwa? Sind Sie sich etwa keine leckere und gesunde (na ja, gesünder als Tiefkühlpizza allemal) Mahlzeit wert?

Anregungen und Tipps bekommen Sie in Kochbüchern. Und da gibt es auch welche für richtig harte Kerle, so wie Sie. Das „Männerkochbuch“ von Dr. Oetker zum Beispiel. Und wenn Sie lieber grillen wollen, finden Sie in „Weber's Grillbibel“ sicherlich die eine oder andere Idee. Womit wir schon beim nächsten Punkt wären: Noch mehr Spaß macht Kochen, wenn Sie jemanden bekochen. Ihre Partnerin wird Bauklötze staunen, wenn Sie sie mit einer selbst gekochten Mahlzeit verwöhnen. Und auch Ihre Kumpels werden sich freuen, wenn Sie sie zu einem Grillabend einladen, bei dem Sie nicht nur das Fleisch auf den Grill werfen, sondern auch noch die eine oder andere Beilage selbst gemacht haben (die übrigen Beilagen können auch Ihre Kumpels mitbringen).

Warum mit 60?

Weil eigentlich jeder kochen können sollte. Denn auch wenn bei Ihnen normalerweise Ihre Frau kocht, kann es vorkommen, dass Sie einmal selbst am Herd stehen müssen. Weil sie krank oder mit dem Briefträger auf Mallorca ist zum Beispiel. Und dann wollen Sie doch nicht bei Ihrer Tochter anrufen und fragen: „Kann ich heute zu dir zum Essen kommen?"

Eine mit viel Liebe gekochte Mahlzeit

Schon haben wir einen beinahe mühelosen Übergang zum nächsten Thema. Wenn Sie nämlich für Ihre Partnerin kochen, dann bereiten Sie die Mahlzeit höchstwahrscheinlich mit viel Liebe zu. Oder mit viel Groll, weil Ihre Partnerin Ihnen an den Kopf geknallt hat: „Immer willst du dein blödes Steak! Brat's doch selber, wenn es dir so wichtig ist!" Aber daran wollen wir jetzt erst mal nicht denken.

Vielleicht haben Sie ja schon einmal erlebt, dass jemand ein Essen ganz speziell für Sie gekocht hat. Und ich rede jetzt nicht von Ihrer Mutter, die selbstverständlich Ihre Leibspeise parat hält, wenn Sie sonntags mal vorbeikommen. Ich rede jetzt von einer ganz besonderen Frau. Sie hat zu Ihnen gesagt: „Komm doch am Sonntagabend zu mir zum Essen, ich koche uns etwas Schönes. Was magst du denn besonders gerne?" Und als Sie dann bei ihr vor der Tür standen, nervös wie ein kleiner Schuljunge, es aus der Wohnung verführerisch duftete und eine noch verführerische Frau die Tür öffnete – da war es schon um Sie geschehen, noch bevor Sie auch nur einen Bissen zu sich genommen hatten. Und als es dann so weit war (das Essen!), waren Sie überzeugt, dass Sie noch nie im Leben etwas so Gutes gegessen haben. Prompt haben Sie diese Frau geheiratet oder waren zumindest sehr lange mit ihr zusammen. Liebe geht eben doch durch den Magen!

Warum mit 60?

Weil diese Erfahrung jeder einmal gemacht haben sollte: egal, ob mit 30, mit 40, mit 50 oder erst mit 60. Denn eine Mahlzeit, die mit Liebe gekocht wurde, schmeckt einfach am allerbesten. Da spielt es keine Rolle, ob es sich bei dieser Mahlzeit um Spaghetti Miracoli oder ein Dreigängemenü nach Alfons Schuhbeck handelt. Vielleicht kann die Liebe Ihres Lebens aber auch nicht kochen? Dann rate ich Ihnen natürlich nicht, sich fremdbekochen zu lassen – aber vielleicht ist Ihre Tochter ja eine ganz hervorragende Köchin geworden? Deren Mahlzeiten sind garantiert immer mit viel Liebe zum Papi gekocht!

Kaviar

An Kaviar scheiden sich die Geister. Manche sagen, der schwarze Rogen verschiedener Störarten schmecke nach gar nichts und sei das ganze Tamtam, das um ihn gemacht wird, gar nicht wert. Das sind meistens auch diejenigen, die sich echten Kaviar ohnehin nicht leisten können und daher gar nicht wissen, wovon sie eigentlich reden. Andere wiederum tönen: „Ach, für einen feinen Belugakaviar lasse ich alles liegen und stehen." Was diese Leute eigentlich meinen: „Ich bin stinkreich und kann mir leisten, einen Haufen Kohle für nach nichts schmeckende schwarze

Kügelchen auszugeben." Aber so was gehört sich nicht und so singen sie lieber Loblieder auf die Fischeier.
Tatsächlich ist echter Kaviar teuer, sehr teuer. Für eine 50-Gramm-Dose Belugakaviar können schon einmal 150 Euro fällig werden. das macht einen Kilopreis von stolzen 3.000 Euro. Internetrecherchen ergaben sogar Preise bis zu 7.300 Euro für ein Kilo Belugakaviar. Und jetzt stellen Sie sich mal vor, Sie feiern ein großes Familienfest, zu dem sich die ganze Verwandtschaft inklusive Onkel Horst, der immer das ganze Büfett leer futtert, angesagt hat!
Schlimmer geht's allerdings nimmer, denn der Belugakaviar ist der exklusivste und teuerste unter den Kaviarsorten. Er stammt von Europäischen Hausen (Huso huso), auch Belugastör genannt, der im Schwarzen und Kaspischen Meer zu Hause ist. Er gilt allerdings als vom Aussterben bedroht, was die Preise für seinen Rogen weiter in die Höhe treiben dürfte. Und die oberen Zehntausend vor das schwierige Problem stellten könnte: „Was soll ich denn jetzt bloß essen? Osietrakaviar etwa? Das billige Zeug gibt's jetzt doch schon für 175 Euro die 125-Gramm-Dose! Da kann ich ja gleich zu Aldi gehen!"

Warum mit 60?

Damit Sie auf die Frage nach Kaviar nicht mehr antworten müssen: „Hab ich noch nie gegessen, kann ich nix zu sagen." Nein, jetzt können Sie endlich mitreden! Wenn Sie zu dem Schluss kommen, dass Kaviar nach gar nichts schmeckt und das ganze Tamtam, das um ihn gemacht wird, gar nicht wert ist, dann wissen Sie wenigstens, wovon Sie reden. Das kann Ihnen niemand mehr nehmen. Und irgendwann können Sie dann mal

Ihren Enkeln erzählen: „Mensch, ich hab mal 150 Euro für so blöde Fischeier ausgegeben, die nach gar nichts schmecken. So blöd bin ich in meinem hohen Alter noch!"

Eine Frucht, die Sie nicht kennen

Gehen Sie doch mal in Berlin in die Lebensmittelabteilung des KaDeWe, in München auf den Viktualienmarkt, in Köln zu Früchte Heep, in Frankfurt in die Kleinmarkthalle oder in Hamburg ins Fruchthaus Tropica. Ganz sicher entdecken Sie dort die eine oder andere Frucht, die Sie noch nie in Ihrem Leben gesehen haben. Und genau von diesen Früchten kaufen Sie jetzt eine. Ja, ja, ich weiß: Das ist nicht politisch korrekt, die Früchte haben eine weite Anreise aus Thailand, Vietnam oder Brasilien hinter sich und belasten die CO_2-Bilanz unseres Planeten erheblich. Aber Sie sollen ja nicht jeden Tag so eine Frucht kaufen, sondern nur einmal.

Von einem guten Händler bekommen Sie vielleicht noch ein Infoblatt mit, das Ihnen sagt, woher Ihre Frucht kommt und vor allem: wie Sie diese Frucht essen. Wie bekommen Sie sie auf? Müssen Sie die Frucht schälen? Sind Kerne drin? Ist irgendwas an der Frucht giftig? Natürlich können Sie Ihren Händler auch fragen oder die Informationen googeln, doch dazu müssen Sie erst mal wissen, wie die Frucht heißt. Früchte, die Ihnen hier begegnen, könnten zum Beispiel sein: Pitahaya (auch Drachenfrucht, Frucht einer Kakteenart, aus Kolumbien, Nicaragua, Vietnam, mit süßem Fruchtfleisch und essbaren Kernen), Mangostane (Thailand, schmeckt wie eine Mischung aus Pfirsich, Weintrauben, Ananas, Aprikose und Orange, enthält viel

Vitamin C), Rambutan (Asien, sieht aus wie eine haarige Litschi und schmeckt ähnlich wie Weintrauben) oder Jackfruit (wird in allen tropischen Regionen angebaut, sehr groß). Nur etwas für Mutige ist die Durian, die es allerdings eher selten in europäische Geschäfte schafft. Diese aus Südostasien stammende Frucht wird nämlich aus gutem Grund auch „Stinkfrucht" oder „Käsefrucht" genannt. Ihr Fruchtfleisch schmeckt zwar süß, doch kommen die meisten Europäer nie in diesen Genuss, da ihnen der intensive Geruch (na ja, „Gestank" wäre passender) der Frucht den Appetit verdirbt. Aus diesem Grund darf man in Singapur die Durian nicht mit in die U-Bahn nehmen und auch in Hotels ist sie verpönt. Da der Geruch nur sehr schwer wieder zu vertreiben ist, müssen Gäste, die das „No Durian"-Schild ignorieren, ihr Zimmer für eine weitere Woche nach dem Durian-Festmahl bezahlen. Da kann der Preis für eine Durian ja schnell dem Kaviar Konkurrenz machen!

Warum mit 60?

Probieren Sie jetzt eine unbekannte Frucht, denn mit 60 haben Sie immer noch Mut zum Risiko und trauen sich, etwas zu essen, von dem Sie nicht wissen, wie Sie es essen, wie es schmeckt und was es mit Ihrer Verdauung macht. Und gesund ist es auch noch! Also ran an das Früchtchen!

Absichtlich etwas komplett Ungesundes

Tag für Tag bekommen wir zu hören, dass wir uns komplett ungesund ernähren: Zu süß, zu fett, zu viel – so könnte man unsere Ernährungssünden kurz und knapp zusammenfassen. Mittlerweile wissen wir aber auch, wie wir uns gesund ernähren können, welche Speisen gut für uns sind und welche weniger gut. Und wir versuchen auch, uns ausgewogen und gesund zu ernähren: am Abend eben nur ein Bierchen und nicht zwei oder fünf, in der Kantine nicht immer nur das Fleischgericht, sondern auch mal Gemüse. Und wir betrachten den Salat nicht mehr als Dekoelement, sondern essen ihn mit. Trotzdem haben wir ab und zu einmal Lust auf etwas absolut Ungesundes.

Im Fußballstadion zum Beispiel muss es einfach die Currywurst oder der Hotdog sein. Stellen Sie sich nur mal vor, wie entsetzt Ihr Nachbar in der Fankurve schauen würde, wenn Sie in der Halbzeitpause eine Tupperdose mit Salat oder Obst auspacken würden! Und an manchen Tagen muss es in der Kantine eben unbedingt der Schweinebraten mit Knödel sein, auch wenn Sie genau wissen, dass Sie nach einem so schweren Essen eigentlich reif für den Mittagsschlaf sind. Manchmal können wir auch an McDonalds & Co. einfach nicht vorbeigehen, sondern reihen uns ein zwischen den kreischenden Schülern und ziehen uns mit großem Genuss einen Hamburger rein. Und ich sage jetzt: Machen Sie das! Genießen Sie den Hamburger! Lassen Sie sich Ihre Currywurst schmecken! Und trinken Sie nach dem Schweinebraten einen besonders starken Kaffee, damit Sie in der Besprechung nicht einschlafen!

Ab und zu – aber nur ab und zu – sollten Sie absichtlich etwas komplett Ungesundes essen, und zwar ohne schlechtes Gewissen. Denn wenn Sie etwas selten bekommen, können Sie es umso mehr genießen und sich richtig darauf freuen!

Wetten, dass Ihnen eine Currywurst noch nie so gut geschmeckt hat wie nach einer Zeit, in der Sie sich hauptsächlich von Salat und anderen gesunden Speisen ernährt haben? Und auch wenn Sie jetzt schon in einem Alter sind wo Sie auf Cholesterin, Ihren Blutdruck und andere Dinge achten müssen – eine einzelne Currywurst hat noch niemanden ins Grab gebracht. Gönnen Sie sich also ab und zu dieses Vergnügen und danach ist es dann auch wieder gut – bis zum nächsten Besuch im Fußballstadion.

Warum mit 60?

Weil Sie mit 60 genau wissen, dass eine Currywurst kein Gericht für jeden Tag ist, und sie deshalb auch richtig genießen können. Sie sündigen bewusst und können dann am nächsten Tag wieder vernünftig sein. Mit 20 oder 30, ja, sogar noch mit 40, ist uns unsere Ernährung oft noch egal und erst wenn unsere Sünden Spuren an unserem Körper hinterlassen, kommen wir auf die Idee, etwas an unseren Essgewohnheiten zu ändern. Aber mit 60 – da wissen wir, wie viel uns eine gute Currywurst wert ist! Wir freuen uns tagelang darauf: „Juhu, am Samstag gehe ich ins Stadion! Da gibt's leckere Currywurst!" Genauso wunderbar schmeckt sie dann auch – und es ist völlig egal, ob unsere Mannschaft verliert oder nicht. Okay, das stimmt nicht ganz, aber wenn wir gewinnen, schmeckt die Currywurst gleich noch besser!

Zehn Gründe, warum Mann mit 60 in der Blüte seiner Jahre ist

Sie glauben, Ihre besten Jahre liegen schon hinter Ihnen? Nie mehr werden Sie es so schön haben wie mit 20, 30, 40, 50, 59? So ein Quatsch! 60 ist das neue 50, wenn nicht gar das neue 45! Mit 60 sind Sie überhaupt erst in der Blüte Ihrer Jahre – und ich sage Ihnen jetzt auch warum.

Mit 66 Jahren, da fängt das Leben an …

Bestimmt kennen Sie den ollen Gassenhauer von Udo Jürgens. Mit 66 Jahren soll angeblich das Leben erst so richtig losgehen. Bestimmt haben Sie früher darüber geschmunzelt oder sich gewundert, was das denn sollte. Es kam Ihnen in der Blüte der Jugend doch eher so vor, als ob das Leben, so wie Sie es sich damals vorgestellt haben, mit 66 vorbei ist. Tja, jetzt rasen Sie mit Überschallgeschwindigkeit auf diese magische Schnapszahl zu. Vielleicht ist ja doch was Wahres an dem dran, was der gute Udo da singt?
Wenn es demnächst so weit ist, brauchen Sie ja nicht gleich auf heißer Typ zu machen, mit Oma in der Disco zu rocken oder nach San Francisco zu trampen, wie es im Song heißt. Das klingt eher nach einer verspäteten Midlife-Crisis. Trotzdem sollten Sie sich die Botschaft des Liedes zu Herzen nehmen! Wenn Sie dann mal in Rente gehen (von der Rente mit 67 war

zu Udo Jürgens' Glanzzeiten noch nicht die Rede …), können Sie das magische Datum nutzen, um noch mal einen Neustart im Leben einzulegen. Es beginnt für Sie dann eine Zeit ohne größere materielle Sorgen: Nicht mehr täglich schuften, um für die Familie sorgen zu können, nicht mehr morgens um halb sechs aufstehen und erst abends nach Hause kommen, nicht mehr das Leben nach den Kindern richten. Jetzt können Sie nur noch auf sich schauen und das tun, worauf Sie Lust haben. Vielleicht entdecken Sie ja ein neues Hobby oder ganz neue Seiten an sich, die erst jetzt so richtig aufblühen können. Die Lebensphase, die von Arbeit und Sorge geprägt ist, haben Sie hinter sich – da können Sie als Person noch mal voll durchstarten. Es ist tatsächlich, wie es im Lied heißt, „noch lange nicht Schluss" – es geht erst richtig los!

Sie können immer noch Vater werden

Zugegeben: Nicht liegt uns ferner, als noch einmal den ganzen Zirkus mitzuturnen. Die durchwachten Nächte mit dem Babygeschrei, ganz zu schweigen vom Windelnwechseln. Die diversen Trotzphasen, die nervigen pubertären Auseinandersetzungen. Der ewige Zwang, Rücksicht auf die Bedürfnisse von jemandem zu nehmen, der nichts, aber auch gar nichts zum gemeinsamen Wohl beiträgt. Da sind Enkel doch super: Man hat den ganzen Spaß und die Freude an den süßen Fratzen, wenn sie aber eine Stinkewindel haben oder mal wieder eine Magen-Darm-Grippe, kann man sie getrost bei ihren Eltern abgeben. Warum sollte es also etwas Gutes sein, dass man mit über 60 noch Vater werden kann?

Es geht hier natürlich nicht darum, das Ding auch durchzuziehen. Sowohl Ihre Frau hätte etwas dagegen als auch das gezeugte Kind – wer will schon seinen Bundesfreiwilligendienst beim eigenen uralten Vater ableisten? Entscheidend ist doch allein die Möglichkeit: Man könnte, wenn man wollte. Denken Sie mal an all die Sachen, die nicht mehr so funktionieren wie früher: Ihr Adlerauge sieht nur noch dann scharf, wenn Sie – so wie ein Adler aus luftiger Höhe auf die Welt hinabschaut – einige Meter Abstand zu den Dingen haben. Ihr Orthopäde notiert insgeheim schon mal einen Termin für Sie, wenn er Sie beim Joggen im Wald trifft. Kinder zeugen können Sie hingegen theoretisch noch! In dieser Hinsicht sind Sie noch genauso in der Blüte Ihrer Jahre, wie Sie es mit 20 waren!
Die Ursache dafür liegt in der Evolution: Frauen haben mit dem Nachwuchs erheblich mehr zu tun als Männer – seien es Schwangerschaft und Geburt, sei es die „Aufzucht" der Jungen. Das schafft man natürlich ab einem bestimmten Alter nicht mehr. Trotzdem ist die Natur daran interessiert, möglichst viele Nachkommen hervorzubringen. Die Männchen sollen im Alter ihre Gene also noch kräftig weiterverstreuen können, weil Sie nach dem Zeugungsakt Ihre Arbeit getan haben. Zum Glück ist das heute nicht mehr so – kommen Sie also nicht auf dumme Gedanken, sondern genießen Sie die ruhigen Tage ohne Nachwuchs!

Sie sind immer noch sexy

Beim Blick in den Spiegel, beim Betrachten alter Fotos oder beim vorsichtigen Spähen nach der Gewichtsanzeige auf der

Waage denken Sie vielleicht, das war's jetzt. Sie fühlen sich zwar wohl in Ihrer Haut und sind glücklich in Ihrer Beziehung, aber die Tage, in denen Sie unwiderstehlich auf das andere Geschlecht gewirkt haben, sind doch jetzt vorbei. Mit grauen Haaren auf Ihrem Kopf, den kleinen Fältchen, die sich in der letzten Jahren in Ihrem Gesicht breitgemacht haben. Da klingt das Wort „sexy" doch eher wie ein Hohn? Falsch! Bei Männern richtet sich der Grad der Attraktivität nicht zwangsläufig nach der jugendlichen Knusprigkeit.

Zum Beweis: Sean Connery, der berühmte „James Bond"-Darsteller, wurde 1989 mit 59 Jahren (also mit nur einem Jahr weniger auf dem Buckel als Sie) vom amerikanischen „People"-Magazin zum „Sexiest Man Alive" gewählt, also zum heißesten lebenden Typen. Und mehr noch, zehn Jahre später, also mit fast 70, krönte man ihn gar zum „Sexiest Man of the Century"! Zugegeben, wenn es um das ganze Jahrhundert geht, hat man wohl eher den smarten 007 aus den 1960er-Jahren im Kopf als den trotteligen Vater von Indiana Jones. Trotzdem sollte Ihnen das Mut machen: Connery hat diesen Titel ja nicht gewonnen, weil er mit Gewalt auf jugendlich und verführerisch macht. Sexy ist bei dem Schotten die Art, wie er gealtert ist, und das, was er gerade durch sein Alter ausstrahlt. Stehen Sie zu dem, was Sie auf Ihre Art an sexueller Ausstrahlung aufweisen können. Vielleicht reicht es dann nicht zum „Sexiest Man Alive", aber zumindest zum „Sexiest Man im Büro" oder zum „Sexiest Man im Reihenhausviertel"!

Sie haben mehr Freizeit und können sich selbst verwirklichen

Ein Mann ist immer auf der Suche nach sich selbst. Natürlich spielt der Beruf bei der Selbstfindung eine wichtige Rolle – das Wort „Beruf" hat schließlich mit „Berufung" zu tun. Die Frage ist nur, inwieweit wir in unserem täglichen Schaffen am Arbeitsplatz tatsächlich auch eine Berufung erkennen können. Bei all dem Aktenabheften, Bilanzenerstellen oder Schulaufgabenkorrigieren rückt das, was wir durch die Arbeit erreichen wollen, manchmal in weite Ferne. Sicher gilt für die meisten Männer, dass ihr persönliches Lebensziel nicht vollständig an den Beruf gekoppelt ist. Im nächsten Lebensjahrzehnt bekommen Sie ausreichend Freizeit, um sich selbst zu verwirklichen! Bestimmt gibt es viele Dinge, die Sie wegen der ständigen Belastung durch den Beruf oder die Familie in den letzten Jahren hintanstellen mussten. Sie würden gerne Ihren Körper in Form bringen, sind aber abends zu müde, um noch ins Fitnessstudio zu gehen. Längst haben Sie Ideen, was Sie gerne schreinern, einmal zu Papier bringen oder noch lernen würden. Oder Sie wünschen sich schon lange, einmal Ihren Fußballverein zu allen Auswärtsspielen der Saison zu begleiten, einmal länger als zwei Wochen in der Finca auf Mallorca zu bleiben, um zu erleben, wie das Leben dort wirklich ist. Einmal das Polarlicht sehen, einmal mit dem Motorrad durch Amerika brausen – jeder hat doch eine geheime Liste mit Dingen, die er einmal im Leben gemacht haben möchte – spätestens wenn Sie in Rente sind, haben Sie die Chance, das alles durchzuziehen und der Selbstverwirklichung einen großen Schritt näherzukommen. Dadurch können Sie sich erst zur vollen Blüte Ihrer Persönlichkeit entfalten!

Sie sind reif, aber noch nicht spießig

Was ist eigentlich ein Spießer? Für gewöhnlich bezeichnet man mit diesem Wort Leute, die geistig unbeweglich sind, starr an Normen festhalten und keinerlei Veränderung im Leben wünschen. Zum Beispiel der Typ vom Haus am Ende der Straße, der jeden Tag zur genau gleichen Uhrzeit mit seinem Dackel spazieren geht. Der die Polizei ruft, weil Ihre Enkel beim Spielen im Garten die Mittagsruhe stören. Der hinter vorgehaltener Hand über die „verrückte" Garderobe Ihrer Frau herzieht, seit dreißig Jahren Kassenwart im Schützenverein ist und genauso lang im Urlaub immer in der gleichen Ferienwohnung am Gardasee logiert ... Was, Sie erkennen sich in dieser Beschreibung wieder? Dann sind Sie vielleicht doch nicht mehr „in der Blüte Ihrer Jahre" ...

Oft wird Spießigkeit mit Lebensalter gleichgesetzt. Je älter man wird, desto spießiger und verbohrter wird man in seinen Ansichten. Vielleicht haben Ihnen sogar Ihre Kinder schon mal vorgeworfen, ein Spießer zu sein, obwohl Sie doch so stolz auf Ihre Vergangenheit als Beinahe-Alt-68er sind. Da haben Ihre Kinder aber etwas Grundsätzliches verwechselt: Dass man aus Fehlern gelernt hat, einschätzen kann, was gut und schlecht für sich selbst ist, was einem gefällt und was nicht, ist nämlich erst einmal ein Zeichen von Reife. Man ist im Leben angekommen und hat sich und seine Persönlichkeit weitgehend gefunden. Spießig wird so eine Lebenshaltung erst dann, wenn man in seinen Positionen festgefahren und unflexibel wird, wenn man den eigenen richtigen Weg für allgemein gültig und unverrückbar hält. Und so weit sind Sie doch noch nicht, oder? Klar sind Sie nicht mehr so locker und unbedarft wie früher. Hüten Sie sich aber davor, rechtzeitig zur Rente zum alten Spießer zu werden, sondern bleiben Sie offen für andere Lebensweisen und Meinungen!

Sie haben sich selbst gefunden, das macht attraktiv

Jugendliches Draufgängertum kann man Ihnen heutzutage wahrscheinlich nicht mehr unterstellen. Früher sind die Mädels auf die Typen abgefahren, die immer auf der Suche nach dem neuen Kick waren. Die immer bereit waren, ihre Grenzen zu überschreiten und sich neu auszuprobieren. Die mit der Harley in den Sonnenuntergang fuhren und nicht wissen wollten, wo sie ankommen würden – und natürlich nur in den blauen Augen der Geliebten geborgen und zu Hause waren …
Mal ehrlich: Falls Sie damals so drauf waren – woran lag das denn? Doch nur daran, dass Sie mit sich selbst nicht im Reinen waren. Noch nirgends angekommen, nur auf der Suche nach Ablenkung von der eigenen inneren Leere. Das mag bei jungen Männern attraktiv wirken, inzwischen haben die Mädels von damals aber kapiert, dass es Wichtigeres im Leben gibt. Und diese Leere spüren Sie doch hoffentlich nicht mehr in sich! Sie wissen, was sie mögen und worauf Sie verzichten können, Sie haben gelernt, die Leere zu Beginn Ihres Erwachsenseins mit etwas zu füllen, was man „Ihre Persönlichkeit" nennt. Kurz und gut: Sie haben sich selbst gefunden und haben es nicht mehr nötig, sie nach anderen Persönlichkeiten umzusehen, die Sie auch noch gerne sein würden. Und das vermitteln Sie jetzt auch nach außen, indem Sie zum Beispiel klar Stellung

beziehen, wenn es um Ihre Vorlieben und Abneigungen geht. Indem Sie sich kleiden, wie es Ihnen entspricht, oder Sie sich nicht mehr von irgendeiner neuen Idee begeistert anstecken lassen und dementsprechend ganz umkrempeln. Freuen Sie sich darüber! Denn davon abgesehen, dass Sie sich eine Menge verplemperter Zeit damit sparen, macht Sie das in Ihrem Alter gerade attraktiv! Sie wissen, wer Sie sind, und stehen dazu, das ist ein Zeichen von Verlässlichkeit und Stärke! Ihre Persönlichkeit steht in voller Blüte – darauf stehen die Frauen heute!

Weil Sie wissen, dass das ganze Leben aus Aufs und Abs besteht

Alles klar? Um es deutlicher zu machen: Wir haben sicher schon die eine oder andere Krise im Leben erlebt. Liebeskummer, Arbeitslosigkeit oder Krankheit, Opfer eines Verbrechens geworden zu sein oder einen geliebten Menschen verloren zu haben sind nur einige mögliche Schläge, die uns im Leben ganz schön zurückwerfen können. Wenn uns so etwas passiert, wissen wir im ersten Moment nicht, wie es überhaupt noch weitergehen soll. Ein echtes Wellental eben. Man meint, man würde jetzt endgültig in den Strudel hinabgezogen werden und nie mehr das Tageslicht sehen …
So war es aber nicht, oder? Klar hat uns manches schlimme Erlebnis vielleicht sogar über Jahre unter Wasser gehalten, bis wir kaum mehr atmen konnten. Aber irgendwann ging es doch immer auch wieder aufwärts, an die Oberfläche, wo die Sonne scheint und man den Badespaß im Meer des Lebens genießt. Das Leben besteht eben aus solchen Wellen und Wel-

len bestehen eben aus Auf- und Abbewegungen. Die sind notwendig und gehören zum Leben dazu: Wenn sich das Wasser an einer Stelle auftürmt und uns nach oben katapultiert, fehlt es an einer anderen, wo wir hinabgezogen werden.

Mittlerweile wissen Sie, dass auf eine Flaute immer wieder eine Brise, auf jedes Tal wieder ein Glücksgipfel folgt. Weil Sie dadurch kleineren oder größeren Krisen gelassener begegnen können, sind Sie emotional stabiler als je zuvor. Und Sie surfen entspannt auf den Wogen des Lebens dahin.

Weil Sie wissen, was Sie an sich haben

Klar, Ihre Frau kennen Sie mit all ihren liebenswerten Macken und Vorzügen so gut wie kein zweiter Mensch auf der Welt. Ihre Kinder sogar noch besser, seit deren Geburt, auch wenn Sie manchmal Schwierigkeiten hatten zu verstehen, was in ihnen vorging. Mit Ihrem alten Kumpel aus Schulzeiten brauchen Sie nicht mal Worte zu wechseln, um zu wissen, wie er drauf ist. Am allerbesten aber kennen Sie sich selbst! Sie haben sich von Geburt an durchs Leben begleitet, durch alle Krisen und Glücksmomente, durch öffentliche Erfolge und geheimste Situationen im stillen Kämmerlein. Spätestens nachdem Sie vielleicht auch die Midlife-Crisis überstanden, die Kinder ins Erwachsenenleben verabschiedet und das eine oder andere Zipperlein an Ihrem ehemals unzerstörbaren Körper bemerkt haben, haben Sie nun alle Erfahrungen mit sich selbst gemacht, die zum Standardrepertoire gehören. Sie können mit Fug und Recht behaupten, dass Sie sich ganz und gar selbst kennen und keine Überraschungen mehr für sich in petto haben!

Natürlich ist da auch die eine oder andere Macke dabei, auf die Sie nicht stolz sind. Jede Persönlichkeit hat gewisse wunde Punkte, mit denen sie nicht ganz im Reinen ist. Egal! Ihrer Frau oder Ihren guten Freunden sehen Sie doch auch kleine Fehler nach. Nobody's perfect, wie schon die alten Griechen sagten. Das Wichtigste ist doch: Sie wissen, was Sie an Ihren geliebten Menschen haben – und das gilt auch für sich selbst. Klopfen Sie sich gelegentlich innerlich auf die Schulter und sagen sich: „Ist schon in Ordnung, alter Knabe". Wenn Sie auf diese Weise mit sich selbst zufrieden sein können, stehen Sie in der Blüte Ihrer Mannesjahre!

Sie verschwenden keine Zeit mehr mit unnötigen Reibereien

Klar: Zum Leben eines Mannes gehören Reibereien dazu. Man will sich ja immer vergewissern, wie es um die eigene Kraft steht, ob man es noch mit anderen aufnehmen kann. Das ist genauso wie im Tierreich: Männliche Hirsche hauen jedes Jahr ihren Geweihe gegeneinander, um zu ermitteln, wer der Stärkere ist. Keiner will auf der Strecke bleiben und aufs Altenteil geschoben werden. Zum Glück müssen wir nicht mehr ständig aufs Neue mit anderen Männern um die Gunst unserer Frau kämpfen. Auch ist unser Revier mit Gartenzaun oder Wohnungstür deutlich umgrenzt und steht nicht zur Debatte. Der Instinkt, ab und zu mal sein Geweih gegen das eines anderen krachen zu lassen, ist aber noch nicht ganz aus unserem Genpool verschwunden. Mittlerweile haben Sie aber gelernt, Ihre Kraft nur noch für solche Reibereien zu verschwenden, wo es sich auch lohnt!

Sich beim Schaffner lauthals unter Androhung aller möglichen Konsequenzen über die übliche Verspätung der Bahn zu beschweren – sinnlos! Erstens kann der gute Mann nichts dafür, zweitens ist das einzige, das Sie damit erreichen, dass Ihr Blutdruck in ungesunde Bereiche steigt. Dass Ihre Frau auf bestimmte Dinge gereizt reagiert, wissen Sie inzwischen haargenau – dann räumen Sie eben vor dem Zubettgehen die Bierflasche vom Wohnzimmertisch zurück in den Keller, anstatt über Nacht Ihr Revier damit zu markieren. Oder Sie verkneifen sich einen Kommentar zur neuen Frisur der besten Freundin Ihrer. Das Gleiche gilt im Beruf: Sie wissen, wann es sinnvoll sein kann, einem Kollegen Kontra zu geben, oder wann es nur die Stimmung und das Vorankommen des gemeinsamen Projekts stört. Mit Ihrer Lebenserfahrung können Sie durchschauen, ob es bei einer Debatte nur um verletzte persönliche Eitelkeiten oder um eine sachliche Auseinandersetzung geht. Die Nerven und die Zeit, die Sie sich dadurch sparen, können Sie jetzt für angenehmere Dinge verwenden – insgesamt sind Sie dadurch zufriedener und glücklicher!

Sie nehmen sich viel Zeit für Ihre Enkel

Ein Pech, dass die Zeit, in der unsere Kinder heranwuchsen, auch mit der größten Belastung am Arbeitsplatz zusammenfiel! In den Jahren mussten wir uns erst noch beweisen, waren nicht verbeamtet oder hatten noch keine dauerhafte Stelle. Oft mussten wir uns Arbeit mit nach Hause nehmen oder wir waren abends so abgekämpft, dass wir beim Spielen mit dem Gesicht auf der Carrera-Bahn eingeschlafen sind. Als wir endlich weniger Stress hatten und uns endlich ganz dem Nachwuchs widmen wollten, waren die plötzlich nicht mehr an Vorlesen und Brettspielen interessiert, sondern an Jungs/Mädels oder Disco. „Ist schon okay, Papi" (frei übersetzt: „Jetzt brauchst du auch nicht mehr so tun, als würdest du dich für uns interessieren, du alter Sack") war noch das Höflichste, was sie auf unsere neu erwachten Bemühungen erwiderten …

Gut, das ist die offizielle Variante des Ganzen. Viele Väter in Ihrer Generation hatten vielleicht noch nicht die ganz große Hingabe für den Nachwuchs entwickelt, das war eher Frauensache. Mal ehrlich: Man hätte schon mehr Zeit und Nerven gehabt, sich um die Kleinen zu kümmern, wenn da nicht auch noch der Stammtisch und die „Sportschau" im Weg gewesen wären … Wie dem auch sei, Sie brauchen das jetzt nicht groß zu bedauern – aus den Kindern ist schließlich was geworden. Und am allerbesten: Man kann seine ganze versäumte Zuneigung an den Enkeln auslassen! Für die ist jetzt genug Zeit da, sie mit unserer Liebe zu überschütten. Stundenlang ihrem Gekratze oder Gefiepse auf irgendwelchen Instrumenten zuzuhören. Mit ihnen auf dem Boden rumzukugeln, sich als Indianer zu verkleiden oder Hütten im Wald zu bauen. Als Vater war man da immer in der Zwickmühle, weil man ja auch Autoritätsperson bleiben musste – als Opa kann einem das völlig egal sein. Endlich können Sie Ihre pädagogischen Fähigkeiten frei ausleben und das Kind in sich wieder neu entdecken.

Bald werden Sie dafür auch viel Zeit haben, wenn Sie nämlich in Rente sind. Darüber werden sich vor allem Ihre Kinder freuen, denn wenn der Kindergarten in den Sommerferien mal wieder vier Wochen geschlossen hat, sind Oma und Opa plötzlich sehr gern gesehene Babysitter. Ebenso wenn die lieben Kleinen einmal krank werden, Papa und Mama aber wichtige Termine im Job haben. Und Ihre Enkel werden sich freuen, wenn Oma und Opa so viel Zeit mit ihnen verbringen – ganz anders als die eigenen Eltern, die zwischendurch ja auch noch einmal arbeiten müssen. Das Gute an der Sache ist, dass Leon und Mia Ihre Enkel sind und nicht Ihre Kinder. Im Klartext heißt das: Sie können sie ganz einfach auch wieder bei ihren Eltern abgeben, wenn Ihnen alles zu viel wird. Sie bekommen also nur die angenehmen Seiten der Erziehung mit: das Spielen und Toben im Garten, die Besuche im Zoo und im Schwimmbad, das Vorlesen und das Bildermalen. Doch die schlechten Schulnoten, den Zoff mit der besten Freundin und später den ersten Liebeskummer – dafür sind dann wieder die Eltern zuständig. Die dürfen dann also wieder ausbügeln, was Sie haben einreißen lassen: „Bei Oma darf ich aber immer die Schüssel ausschlecken! Bei Opa muss ich nie einen Mittagsschlaf halten! Ich will überhaupt zu Oma und Opa ziehen!" Tja, das ist dann nicht mehr Ihr Problem!

Zehn Menschen, die mit 60+ Jahren Großes vollbracht haben

Sie denken, nur junge Menschen vollbringen Großes, sind zu sportlichen Höchstleistungen fähig oder machen bahnbrechende Erfindungen? Schließlich gewann Boris Becker mit 17 zum ersten Mal Wimbledon und Steve Jobs war 21, als er in einer Garage sein Unternehmen Apple gründete. Doch es gibt zahlreiche Menschen, die uns zeigen, dass man auch mit 60 künstlerische Meisterwerke schaffen und sein Leben verändern kann. Beispiele gefällig? Bitte schön!

J.R.R. Tolkien veröffentlichte „Der Herr der Ringe“ (1954)

Den 1892 geborenen John Ronald Reuel Tolkien konnte man mit Fug und Recht als einen verschrobenen Sonderling bezeichnen. Schon in seiner Jugend gründete er mit gleich gesinnten Freunden einen Club, in dem über Literatur diskutiert und selbst geschriebene mystische Gedichte rezitiert wurden. Nachdem er im Ersten Weltkrieg kämpfen musste, wurde er schließlich 1925 in Oxford Professor für Angelsächsisch, der

uralten Vorform des heutigen Englisch. Als wäre eine Beschäftigung mit ausgestorbenen Sprachen nicht schon verschroben genug, hatte Tolkien auch schon früh angefangen, selbst neue Sprachen zu erfinden. Und der Spleen ging noch weiter: Um diese erfundenen Sprachen – hauptsächlich das, was man heute noch als „Elbisch“ lernen kann – auch im Einsatz zu zeigen, erfand Tolkien kurzum eine ganze Mythologie und Fantasiewelt, in der die Sprachen gesprochen wurden …
Diese Welt nannte er „Mittelerde“ – wir kennen sie heute als den Schauplatz von „Der Herr der Ringe“ und „Der Hobbit“. Damit ging Tolkiens schriftstellerische Arbeit aber nicht los. Neben einigen Satiren verfasste er auch Kindergeschichten, unter die auch „Der Hobbit“ (1937) fällt, dessen Handlung bereits im erfundenen Mittelerde spielt. Dieses Buch wurde ein Riesenerfolg – der Verlag und das Publikum lechzten nach einer Fortsetzung. Damit tat sich Tolkien aber schwer. Oder vielmehr, er verstieg sich zu sehr in seine private Mythologie – die Leser wollten einfach mehr gute Storys haben. Nach langem Hin und Her war schließlich der heute bekannte „Herr der Ringe“ fertig und wurde 1954 veröffentlicht, als Tolkien bereits 62 Jahre als war. Allerdings nur der erste Band „Die Gefährten“. Weil die Papierpreise damals nach dem Krieg unglaublich hoch waren, konnte es sich der Verlag nicht leisten, den ganzen Wälzer auf einmal zu drucken. So kam es zur bis heute üblichen Dreiteilung des Buches – der Autor hatte das nie gewollt! Trotzdem wurde „Der Herr der Ringe“ zu einem der populärsten Bücher der Welt – bis heute hat es sich weltweit über 150 Millionen mal verkauft – und begründete so ganz nebenbei das Genre „Fantasy“.

George Bernhard Shaw stellte „Heartbreak House" fertig (1919)

Der irische Schriftsteller George Bernhard Shaw war hauptsächlich als Autor von Komödien und Satiren bekannt. Sein Humor und seine scharfzüngigen Sinnsprüche wurden in der englischsprachigen Literatur bis heute kaum erreicht. Eines seiner bekanntesten Werke ist „Pygmalion" – nicht unbedingt, weil es hier zu Lande viel gelesen wird, sondern wegen des Musicals, das auf dem Theaterstück beruht: „My fair Lady". Die ganz großen Meriten erreicht man eben nicht mit feingeistiger Literatur, sondern erst dann, wenn das Werk musikalisch verkitscht wird …

Zugleich war der 1856 in Dublin geborene Shaw aber auch politisch aktiv. Unter anderem war er einer der Gründerväter der Labour-Partei in Großbritannien (Irland gehörte damals ja noch als Ganzes zu Großbritannien). Im Laufe der Zeit, insbesondere nach den grausamen Erfahrungen des Ersten Weltkriegs, wurde er immer radikaler und bereiste unter anderem mehrfach die Sowjetunion. Der Krieg prägte aber auch sein Schreiben. In den Kriegsjahren brachte Shaw so gut wie gar nichts zu Papier, weil er mit einem seiner größten Werke rang: „Heartbreak House", im Deutschen etwas schwülstig mit „Haus Herzenstod" übersetzt. Erst nach dem Krieg, mit über 60 Jahren, konnte er das Drama endlich fertigstellen, es wurde 1919 uraufgeführt. Inhaltlich war dann auch Schluss mit lustig! Die für sein Werk typischen Verwirrungen und mit spitzer Zunge ausgefochtenen Dialoge einer englischen Großbürgerfamilie finden ein jähes Ende, indem das Haus Herzenstod von einer abgeworfenen Bombe zerstört wird. Die Botschaft: Die dekadente Lebensweise der Snobs ist hinfällig und lächerlich, wenn sie mit der Realität des Krieges konfrontiert wird. Noch in seinen 60ern erhielt Shaw 1925 den Nobelpreis für Literatur. Später schaffte es der Tausendsassa sogar, auch noch den Oscar für die Verfilmung von „Pygmalion" einzustreichen. Nur zwei Männern gelang dieses ungewöhnliche Double aus Nobelpreis und Oscar: Shaw und – hätten Sie's erraten? – dem ehemaligen Vizepräsidenten der USA, Al Gore! Der bekam sogar beide Preise im gleichen Jahr, 2007 – allerdings im zarten Alter von 59 Jahren …

Gian Lorenzo Bernini begann Kirchen zu entwerfen (1658)

Dass man mit über 60 Jahren sprichwörtlich Größeres als je zuvor schaffen kann, beweist der italienische Künstler Gian Lorenzo Bernini. Der war 1606 als achtjähriger Bursche mit seinem Vater, einem Architekt, aus Neapel nach Rom gekommen. Der Apfel fiel nicht weit vom Stamm – der junge Gian Lorenzo trat in die Fußstapfen seines Vaters und wurde als Bildhauer und Architekt weit berühmter als sein alter Herr.

Bernini war nämlich sprichwörtlich zur richtigen Zeit am rechten Ort: Die jeweiligen Päpste hatten schon hundert Jahre zuvor begonnen, ihren Vatikanstaat ordentlich aufzumotzen. Der Petersdom war gerade ganz neu gebaut worden, trotzdem war noch genug Kohle für zusätzliche Projekte übrig. So schuf Bernini im Auftrag des jeweiligen Papstes eine Vielzahl an Skulpturen im Petersdom; auch das sogenannte „Ziborium" über dem Petrusgrab sowie die „Cathedra Petri", ein riesengroßer Thron im Dom, stammen von ihm. Diverse Brunnen in Rom gehen ebenfalls auf Entwürfe Berninis zurück. Irgendwann war ihm aber wohl zu popelig, immer nur schon fertige Architektur weiter zu verzieren. Also begann er 1658, im zarten Alter von 60 Lenzen, zwei Mammutprojekte: Erstens wurde der heute wohlbekannte, damals noch nicht existente Petersplatz vollständig von Bernini entwickelt. Und zweitens stellte er sich der größten Herausforderung, die einem Architekten damals bevorstand (Wolkenkratzer gab es ja noch keine): dem Kirchenbau. Die Kirche Sant'Andrea al Quirinale, bis heute eine populäre Hochzeitskirche in Rom, wurde nach seinen Entwürfen gebaut. Auch mit 60 kann man sich also noch mit den größten Herausforderungen fertig werden! Beinahe wäre Bernini sogar noch berühmter geworden: Der „Sonnenkönig" Ludwig XIV. lud ihn 1665 nach Paris ein, um den Louvre – damals noch Königssitz – aufzupeppen. Letztendlich waren ihm die Visionen des alten Bernini aber zu teuer, und er zog bald darauf mit Sack und Pack nach Versailles um.

George A. Sheehan erzielte beim Boston Marathon sein bestes Ergebnis (1979)

Zugegeben, Dr. George A. Sheehan ist in unseren Breiten eher unbekannt. In den USA war er aber eine wichtige Figur, als in den Siebzigerjahren der Laufsport immer populärer wurde. Sheehan galt für viele begeisterte Jogger, Langstrecken- und Marathonläufer regelrecht als Guru. Sein Buch „Running with Doc Sheehan" wurde ein Bestseller. Wie kam es dazu?

George A. Sheehan hatte auch ohne den Laufsport ein bewegtes Leben hinter sich. 1918 als das älteste von 14 Kindern geboren, wurde er später wie sein Vater Kardiologe. Während des Zweiten Weltkriegs musste er als Arzt an die südpazifische Front. Zurück daheim widmete er sich in verschiedener Hinsicht dem Ausdauersport: Er zeugte 12 Kinder mit seiner Frau und begann mit 45 Jahren damit, regelmäßig im New Yorker Central Park zu joggen. Ab 50 schrieb er Kolumnen in verschiedenen Zeitschriften, die sich mit dem Thema Laufen beschäftigten. Nach und nach wuchsen diese zu Sheehans populären Büchern zusammen. Nebenher nahm er immer wieder an Wettbewerben teil. So lief er 21 Jahre hintereinander beim Boston Marathon mit – und das mit einem überraschenden Ergebnis: Bei seiner 16. Teilnahme, im Jahre 1979, schaffte er dabei seine persönliche Bestzeit im Marathonlauf überhaupt: 3 Stunden und 1 Minute. Das Spektakuläre dabei: Er war damals 61 Jahre alt! Das bedeutet, dass er mit über 60 Jahren fitter denn je war – das sollte doch auch Ihnen Mut machen!

Der Arzt James Parkinson beschrieb die Parkinson-Krankheit (1817)

James Parkinson teilt sein Schicksal mit Kollegen wie Alois Alzheimer oder Carl Adolph von Basedow: Sein Name ist zwar in den allgemeinen Sprachgebrauch eingegangen, allerdings verbindet man nichts Gutes damit. Wie seine Kollegen war er ein Arzt, der als Erster eine bestimmte Krankheit beschrieb. Die wird dann traditionell nach diesen Ärzten benannt – Parkinson selbst litt allerdings nicht unter der von ihm entdeckten Krankheit.

Bis es so weit war, hatte der englische Arzt aber schon einige Jährchen hinter sich gebracht. 1755 in London geboren, war er, wie es zur damaligen Zeit üblich war, ein richtiger Universalgelehrter. Neben der praktischen Tätigkeit als Arzt war Parkinson auch Geologe. Insbesondere die Paläontologie, die sich bekanntlich mit Dinosauriern, Urmenschen und anderen ausgestorbenen Lebewesen beschäftigt, hatte es ihm angetan. Darüber schrieb er dicke Wälzer, mit denen er weltweite Berühmtheit erlangte – damals wusste man ja noch fast gar nichts über die Urzeit. Auch politisch war er engagiert: Während der französischen Revolution ließ er einige Pamphlete gegen die Royals in England drucken, um auf den fahrenden Zug aufzuspringen. Als Pseudonym verwendete er dabei den Namen „Old Hubert" – zum Glück wählte er für seine wichtigste Schrift seinen echten Namen. „Eine Abhandlung über die Schüttellähmung" setzt sich zum ersten Mal mit der heute als „Parkinson" bekannten Krankheit auseinander. Nicht auszudenken, wenn Patienten bis heute unter der „Old-Hubert-Krankheit" leiden würden ... Die Abhandlung erschien 1817, als Parkinson bereits 62 Jahre alt war. Und sie ist die einzige unter seinen vielen Schriften, für die er heute noch bekannt ist. Man kann also auch noch mit nach 60 sein Hauptwerk verfassen und damit seinen Nachruhm begründen!

Der Schriftsteller Jonathan Swift schrieb „A modest proposal" (1729)

Jonathan Swift war genau das, was man einen „gewitzten Kerl" nennt, und er schlug dabei häufig über die Stränge. 1667 in Dublin

geboren, pendelte der irische Schriftsteller zeit seines Lebens zwischen England und Irland hin und her. Das damalige „Königreich Irland“ war aber keineswegs unabhängig, sondern gehörte unmittelbar zur englischen Krone. Swift schlug sich als Sekretär, Priester, Publizist und Politiker durchs Leben, ab 1701 legte er dann literarisch so richtig los. Neben seinem berühmtesten Erzeugnis – den allseits bekannten „Gullivers Reisen“ – besteht sein Werk hauptsächlich aus satirischen Schriften. Teilweise waren die so scharfzüngig gegen die englische Besatzung gerichtet, dass die Regierung hohe Belohnungen auf die Ergreifung des Verfassers dieser Schriften aussetzte. Swift hatte seine Schmähungen natürlich anonym verfasst!
Die berühmteste dieser Satiren Swifts, aber auch eine der berühmtesten Satiren der ganzen Welt, ist „A modest proposal“ aus dem Jahr 1729. Der ganze Titel auf Deutsch lautet: „Ein bescheidener Vorschlag: Um zu verhindern, dass die Kinder der Armen in Irland ihren Eltern oder dem Staat zur Last fallen, und um sie nutzbringend für die Allgemeinheit zu verwenden“. So „bescheiden“ ist dieser Vorschlag aber ganz und gar nicht – Swift forderte in seinem Pamphlet, dass irische Babys als Nahrungsmittel verwendet werden sollen! Auf diese Weise würde das Problem der Überbevölkerung in Irland gelöst und die Wirtschaft könnte expandieren, zum Beispiel durch Exporte des gewonnenen Fleisches. Das meinte Swift natürlich nicht ernst, er nahm damit aber den damals noch in den Kinderschuhen steckenden Kapitalismus aufs Korn. In einer Welt, in der Profit über allem steht und Menschen als „Ressource“ wahrgenommen werden, ist der Vorschlag vielleicht nur halb so absurd. Swift war bereits 63, als er auf dem Höhepunkt seines Humors angekommen war – vielleicht hatte das auch mit seinen privaten

Umständen zu tun. Der gewitzte Kerl hatte es elf Jahre lang geschafft, eine Doppelbeziehung mit zwei Frauen zu führen, die voneinander nichts wussten. Die beiden starben 1723 und 1728, da hatte Swift endlich Zeit, sein Hauptwerk zu verfassen.

Miles Davis spielte sein letztes Livealbum ein (1991)

Miles Davis, geboren 1926, ist zweifelsohne einer der größten Jazzmusiker überhaupt. Mit der Trompete, seinem Hauptinstrument, war er maßgeblich an verschiedenen Revolutionen im gängigen Jazzstil verantwortlich. In den Vierzigerjahren etwa, als der Sohn eines Arztes nach New York gekommen war, um dort auf Gleichgesinnte zu treffen. Damals bedeutete „Jazz", mit großen Big Bands den Swing, eine Art Tanzmusik, zu spielen. Davis und seine Kumpane begannen, wieder in kleinen Ensembles und schmutzigen Kellerkneipen zu spielen – das Ganze nannte sich dann „Bebop" und prägt bis heute unsere Vorstellung von Jazz. Auch als man sich später vom Bebop ab hin zum „Cool Jazz" oder dem elektrisch verstärkten „Fusion" wandte, war Miles Davis der Initiator. Daneben führte er ein Leben, wie man es von einem Berufsmusiker erwartet: Drogen, verschiedene Frauen, schwere Abstürze und so weiter. Umso erstaunlicher ist es, dass Davis mit 65 Jahren noch einmal zur Höchstform auflief – hatte er doch zwischenzeitlich wegen Krankheiten und Drogenkonsum über Jahre hinweg die Trompete nicht in die Hand genommen. 1991 betrat er jedoch die große Bühne von Montreux in der Schweiz, Schauplatz des berühmtesten Jazzfestivals der Welt. Zusammen mit

Quincy Jones, einer anderen Legende des Jazz, legte er einen Riesenauftritt hin, der aufgenommen und auf Vinyl gepresst als „Miles & Quincy live at Montreux“ veröffentlicht wurde. Miles Davis nahm sich bei dem Auftritt noch einmal einige seiner ganz alten Hits zur Brust, interpretierte diese aber zusammen mit einem Orchester ganz neu. Er bewies also auch im höheren Alter, dass er noch nicht auf der alten Spur festgefahren war. Leider wurde diese triumphale Aufnahme auch seine letzte – im September desselben Jahres verstarb Miles Davis, längst gesundheitlich schwer gebeutelt, an einem Schlaganfall.

Noah Webster stellte sein „American Dictionary“ fertig (1825)

Unter einem Lexikografen – also einem Typen, der Stichwörter sammelt, um sie in einem Lexikon zusammenzufassen – stellt man sich für gewöhnlich eher einen zerstreuten Professor vor, der es sich im Elfenbeinturm gemütlich gemacht hat. Der vor allem mit der wirklichen Welt so wenig wie möglich zu tun haben möchte. Im Fall von Noah Webster ist das aber falsch! Dessen Wörterbuchprojekt hatte eine ganz klar politische Ausrichtung: Er wollte das amerikanische Englisch vom britischen unterscheiden und seine Vereinigten Staaten deutlich vom englischen Mutterland abgrenzen …

Webster wurde 1758 in Connecticut geboren, das heißt, die USA waren bereits unabhängig, als er volljährig wurde. Trotzdem war es ihm ein Anliegen, auch eine kulturelle Unabhängigkeit von Großbritannien zu erreichen. Die Sprache war nun mal die Gleiche geblieben. Also machte sich der Lehrer daran, das amerikanische Englisch zu reformieren. Eine Art amerikanische Rechtschreibreform war das, viele Schreibweisen, die sich Webster ausgedacht hatte, unterscheiden sich heute noch von der britischen (z.B. amerikanisch „color" statt britisch „colour"). 1825, im Alter von 66 Jahren, hatte er es dann geschafft: Sein „American Dictionary of the English Language" war fertig! Und wurde ein Megaerfolg. Nur kurze Zeit später verwendete man den Begriff „Webster's" in den USA bereits für Wörterbücher im Allgemeinen – genauso wie wir in Deutschland unseren „Duden" haben. Leider hatte Webster keine Möglichkeit, sich seinen Namen urheberrechtlich schützen zu lassen. Deshalb durfte nach seinem Tod 1843 jeder, der wollte, auf seinem Wörterbuch mit dem guten Namen werben. Nicht überall, wo Webster draufsteht, ist heute also auch Webster drin – trotzdem erinnert der Name an den Sprachrevolutionär, der mit 66 Jahren noch Großes vollbracht hatte.

Viktor Frankl erwarb den Pilotenschein (1972)

Der österreichische Psychologe und Psychotherapeut Viktor Frankl erlitt eines der schlimmsten vorstellbaren Schicksale. War er in jungen Jahren in Wien bereits ein gefeierter Psychotherapeut, der mit Sigmund Freud verkehrte, änderte sich sein Schicksal schlagartig während der NS-Zeit. Der 1905 geborene Jude wurde erst mit Berufsverbot belegt, schließlich wurden seine Eltern, seine Frau und er in verschiedene Konzentrationslager deportiert. Viktor überlebte als Einziger unter seinen Verwandten und wurde 1945 von den Amerikanern befreit. Soweit das überhaupt möglich ist, gelang es ihm aber, die

schrecklichen Erlebnisse zu verarbeiten, und er praktizierte und lehrte danach wieder in Wien und den USA.
Frankl ist der Begründer der „Logotherapie". Bei dieser soll die Frage nach dem Sinn des Lebens für den Patienten im Vordergrund stehen: Wenn man diesen Sinn gefunden hat, kann man das Leben auch wieder positiv angehen. Frankl hatte hauptsächlich mit selbstmordgefährdeten Patienten zu tun, bei denen er mit seiner Therapiemethode Erfolge erzielen konnte. In seinem Hauptwerk „Der Mensch vor der Frage nach dem Sinn" fasste er alles, was er in seinem Leben gedacht und geforscht hat, zusammen.
Überzeugend wirken Frankls Ideen, wenn man sich sein Leben anschaut: Er hatte offenbar seinen Lebenssinn gefunden und sich durch nichts unterkriegen lassen. Mehr noch, er war bis ins hohe Alter lebensfroh und wagemutig. Obwohl er Höhenangst hatte, war er begeisterter Bergsteiger, und das bis ins hohe Alter – den Vogel schoss er aber mit 67 Jahren ab. Da machte er doch allen Ernstes noch den Pilotenschein! Er wolle damit seine Ängste überwinden, sagte er damals. Und dass es großen Spaß machen würde. Ein solches Beispiel an Lebensfreude bis ins hohe Alter kann man sich doch nur zum Vorbild nehmen, oder?

Und Sie?

Schriftsteller, Marathon-Läufer, Bildhauer, Pilot: Sie haben nun von allerlei großen Taten gelesen, die Menschen im Alter von 60 oder knapp darüber vollbracht haben. Ganz klar, da kann so ein „Normalo" wie Sie natürlich nicht mithalten.

Trotzdem ist das noch lange kein Grund, verzweifelt zu sein. Denn literarische Genies können in Vergessenheit geraten und Piloten abstürzen. Da leben Sie schon in erheblich größerer Sicherheit.
Und überhaupt: Auch Sie haben in Ihrem Leben schon einiges erreicht. Sie sind 60 Jahre alt geworden – in Somalia oder im Sudan, wo die durchschnittliche Lebenserwartung 45 bis 49 Jahre beträgt, ist allein das schon eine beachtliche Leistung. Außerdem haben Sie die Schule abgeschlossen – auch das ist nicht überall auf der Welt eine Selbstverständlichkeit. Sie haben eine Ausbildung, einen Job und sind in der Lage, ihren Lebensunterhalt selbst zu verdienen. Außerdem sind Sie vermutlich verheiratet oder leben in einer Partnerschaft und haben vielleicht auch Kinder. Sie haben also die Verantwortung für andere Menschen übernommen, geben diesen Liebe und werden von diesen geliebt. Auch danach sehnen sich viele Menschen vergeblich.
Es sind also nicht nur die Nobelpreise und Oscars, auf die es im Leben ankommt. Es ist auch das ganz Alltägliche, die vielen kleinen Dinge, die Sie jeden Tag erreichen und auf die Sie stolz sein können. Zum Beispiel darauf, dass Sie es schaffen, regelmäßig Sport zu treiben und so etwas für Ihre Gesundheit zu tun, auch wenn Sie dabei keinen neuen Weltrekord aufstellen.
Fallen Ihnen noch mehr solche Dinge ein? Dann notieren Sie die, die Sie mit 60 erreicht haben oder in den nächsten Jahren erreichen wollen. Auf geht's – worauf warten Sie noch?

Die zehn wichtigsten Regeln für das würdevolle Altern ab 60

Es gibt Menschen, die halten krampfhaft an ihrer Jugend fest und wirken irgendwann einfach nur noch lächerlich. Und es gibt Menschen, die würdevoll altern. Damit Sie nicht in die Gruppe der Berufsjugendlichen fallen, habe ich einige Tipps für Sie zusammengestellt, wie Sie ab 60 souverän älter werden. Obwohl 60 natürlich keinesfalls alt ist! Nein, überhaupt nicht! Im Gegenteil: Sie sind jetzt in der Blüte Ihrer Jahre, wie Sie bereits gesehen haben.

Finden Sie Ihr inneres Gleichgewicht

Sind Sie ein ausgeglichener Mensch? Den nichts so leicht aus der Ruhe bringt? Der zufrieden ist mit seiner beruflichen und privaten Situation ist, keine Sorgen hat, die ihn abends lange wach halten? Gratuliere, dann scheinen Sie Ihr inneres Gleichgewicht schon gefunden zu haben. Sie hatten ja auch schon einige Jährchen dafür Zeit. Wenn Sie allerdings noch immer leicht unter Stress geraten, häufig aufbrausen, grundlos traurig oder wütend sind und ständig mit Ihrer Position im Leben hadern, sollten Sie sich vielleicht mal auf die Suche machen!
Zufriedenheit ist eine Zier, die uns im Alter gut kleidet. Wenn wir ständig am Jammern oder Schimpfen sind, haben wir

etwas falsch gemacht. Man muss es leider sagen: Unendlich viel Zeit bleibt uns nun im Leben auch nicht mehr – versuchen wir doch, diese übrige Zeit so gut es geht im Gleichgewicht zu nutzen. Sonst laufen wir Gefahr, einmal zu keifenden alten Knackern zu werden, die ihre Unzufriedenheit mit dem Leben und vor allem sich selbst an Nachbarn, Kindern oder Verkäufern auslassen. Wie man nun das innere Gleichgewicht finden kann? Fragen Sie sich doch mal, welche Bedürfnisse für Sie am wichtigsten sind, und ob diese in Ihrem Leben befriedigt werden. Was können Sie tun, um da ein Gleichgewicht herzustellen, etwa zwischen Privatleben und Beruf, Familie und Hobby oder Ehefrau und Fußball? Hören Sie in sich selbst hinein! Oft bedarf es nur ein Drehen an kleinen Stellschrauben, bis wir mit uns selbst im Gleichgewicht sind!
Und Sie werden sich wundern: Dieses innere Gleichgewicht strahlen Sie nämlich auch nach außen aus. Man sieht Ihnen förmlich an, dass Sie mit Ihrem Leben zufrieden sind und sich in Ihrer Haut wohl fühlen. Sie laufen also keine Gefahr, ein grantiger alter Opa zu werden: ein Mensch, der neidisch auf die Freiheiten der Jungen ist und diesen das zum Vorwurf macht – als ob die Jugendlichen etwas dafür könnten, dass sie in einer anderen Zeit aufwachsen als der Opa. Akzeptieren Sie, dass sich die Zeiten ändern, und weisen Sie Ihre Enkel nicht ständig darauf hin, dass sie es ja so viel einfacher haben als Sie früher. Das hat nämlich nichts mit würdevollem Altern zu tun. Denn wer souverän altert, hat verstanden, dass jede Zeit und jedes Alter seine Vor- und Nachteile mit sich bringen. Klar, Sie haben mit 60 nicht mehr die Freiheiten, die ein Jugendlicher heute hat. Aber Sie müssen sich auch keine Sorgen mehr machen, ob Sie einen Job finden und wer einmal Ihre Rente

zahlen soll. Sie sind glücklich und zufrieden mit dem, was Sie in Ihrem Leben erreicht haben, und haben Ihr inneres Gleichgewicht gefunden. Und das strahlen Sie auch nach außen aus.

Akzeptieren Sie, dass Sie Enkel haben

Ohne Frage, Sie sind jetzt erst in der Blüte Ihrer Jahre. Sportlich bringen Sie's noch fast genauso wie früher. Im Beruf sind Sie erfolgreicher denn je. Sie sehen immer noch verdammt gut aus – die junge Bedienung im Café zwinkert Ihnen stets so schelmisch zu. Sie haben's voll drauf! Oder? Wenn da nur nicht diese eine Sache wäre, diese noch so kleine und süße, die alleine durch ihre Existenz für alle Welt und für alle Zeiten besiegelt, dass Sie jetzt ein alter Opa sind …

Das sind Sie nämlich definitiv, sobald der erste Enkel oder die erste Enkelin auf der Welt ist. Und wenn Sie an Ihre eigene Kindheit zurückdenken: Da waren Ihr Opa oder Ihre Oma doch der Inbegriff des Alters. Wie alt die damals schon ausgesehen haben! Wie gebrechlich die waren! Das stimmt natürlich, aber auch nur aus der Perspektive des Enkels. Da sind die Großeltern nun mal die ältesten und gebrechlichsten Menschen, mit denen man regelmäßig zu tun hat. Außerdem sind die Zeiten heute ganz andere. So wie früher die Lebenserwartung wesentlich niedriger war, alterten die Leute auch schneller. Sie aber haben noch viele gute Jahre vor sich! Und Sie haben vermutlich keine Kriege, Hungersnöte oder sonstige Anfechtungen erlebt, die einen so schnell altern lassen wie Ihre Großeltern. Akzeptieren Sie, dass Sie Enkel haben, ohne dabei immer daran zu denken, dass Sie dadurch zum Opa werden. Sie sind so alt, wie

Sie sich fühlen – und wenn es bei Ihnen schon so weit war, wissen Sie, dass es ein großes Glücksgefühl auslöst, wenn man Großvater wird!

Lassen Sie sich von Ihren Enkeln Opa nennen

Gut: Wir haben die Tatsache, dass wir mittlerweile Enkel haben, akzeptiert, freuen uns auch immer, wenn sie zu Besuch kommen, tragen Fotos von ihnen im Geldbeutel mit uns herum und zeigen sie allen anderen ungefragt – kurzum: Wir sind richtig stolze Opas – autsch, wenn da aber nur dieses böse O-Wort nicht wäre …

Ja, wenn wir gerade im Fitnessstudio Gewichte stemmen oder uns im Kleidergeschäft von der knackigen Verkäuferin beraten lassen, zucken wir vor Schmerz zusammen, wenn die Enkel angerannt kommen und laut „Opa, Opa" rufen. Auf „Papa" waren wir ja irgendwie noch stolz, aber das … Warum eigentlich? Dass die Enkel Ihre Kinder sind, glaubt Ihnen doch sowieso niemand mehr. Und ganz ehrlich: Nichts ist peinlicher als Großeltern, die sich von ihren Enkeln mit Vornamen anreden lassen. Da können Sie auch gleich ein Schild um den Hals tragen, wo draufsteht: „Mein Name ist …, so nennen mich auch meine Enkel und ich habe ein Problem mit dem Älterwerden." In Ordnung ist vielleicht noch „Oma Hildegard" oder „Opa Heinz", um Sie von den anderen Großeltern zu unterscheiden. Tragen Sie Ihr Los mit Würde – und überzeugen Sie auch Ihre Frau davon, sich Oma nennen zu lassen. Für Frauen ist dieser Schritt erfahrungsgemäß noch schwieriger. Aber Obacht: Wenn Sie und Ihre Frau sich dann auch wechselseitig mit „Oma“ und „Opa“ anreden, hat das wiederum nichts mit würdevollem Altern zu tun. Dann sind Sie nämlich wirklich schon recht alt geworden!

Werden Sie ein Vorbild für andere

Was ist das eigentlich, ein Vorbild? Erinnern Sie sich mal an Ihre Jugend zurück: Da hatten Sie sicher Idole, die höchstwahrscheinlich nichts mit einem Mann um die 60 zu tun hatten … Helmut Haller oder Uwe Seeler, Bob Dylan oder Mick Jagger, Rudi Dutschke oder James Bond – alles eher Vertreter einer (zumindest damals) jugendlich-dynamischen Fraktion. Zu so einer Art Vorbild taugen Sie heute also höchstwahrscheinlich nicht mehr, nichts für ungut. Aber es gibt trotzdem viele Bereiche, in denen Sie anderen ein positives Beispiel geben können.

Zeigen Sie Ihren Kindern, wie man eine harmonische, gleichberechtigte Beziehung führt – gute väterliche Ratschläge sind eine Sache, wesentlich überzeugender ist aber vorgelebtes Verhalten. Im Beruf wird es sicherlich jüngere Kollegen geben, die sich an einem alten Hasen orientieren möchten. Wenn Sie denen gegenüber nur sexistische Witze über die Sekretärin reißen oder ihnen auf derbe Weise klarmachen, dass sie ganz unten in der Hackordnung stehen, ziehen Sie nur eine neue Generation von ekelhaften Bürohengsten heran. Pflaumen Sie den Straßenbahnschaffner oder den Baumarktverkäufer nicht grundlos an, bloß weil Ihnen eine Laus über die Leber gelaufen ist oder etwas nicht gleich so funktioniert, wie Sie es sich vorstellen. Sie gehören momentan der Generation an, die den

Ton in der Gesellschaft angibt – lassen Sie es einen guten Ton sein, indem Sie sich so verhalten, wie es Ihrem Alter geziemt: würdevoll, mit Rücksicht auf die anderen und gelassen. Davon abgesehen, was kann einen Mann mit mehr Stolz erfüllen als die Erkenntnis, dass sein jüngerer Kollege oder gar sein Sohn ihm in bestimmten Dingen nacheifert? Lassen Sie es sich gesagt sein, es lohnt sich, ein Vorbild für andere zu sein!

Setzen Sie im Sport auf Technik und Raffinesse

Es sei Ihnen unbenommen, den Sport zu treiben, der Ihnen Vergnügen bereitet – Hauptsache, Sie bewegen sich überhaupt. Eine gewisse Fitness ist in Ihrem Alter aus gesundheitlichen Gründen unbedingt zu empfehlen! Wenn Sie Wert auf würdevolles Altern legen, stellt sich natürlich die Frage, ob dazu auch jede Form von Sport geeignet ist. Sie müssen ja nicht gleich den Senioren-Trendsport „Nordic Walking", auf Deutsch „Närrisches Walzen", betreiben und mit Skistöcken durch die Natur pflügen. Aber überlegen Sie sich mal, ob es Ihrem Ego wirklich gut tut, wenn Sie nach jedem Skiausflug erst mal ein halbes Jahr Krankengymnastik betreiben müssen, bis Ihr Knie wieder auf Normalgröße zurückgeschrumpft ist. Oder wenn Sie beim Joggen im Wald wegen Ihres Gekeuches mit einem brünftigen Hirsch verwechselt werden. Oder – und das ist das Allerschlimmste – wenn Ihr Sohn Sie allmählich in all Ihren Paradedisziplinen von Tennis bis Kraulen geschlagen hat. Spätestens dann sollte Ihnen klar werden, dass die Zeiten vorbei sind, in denen Sie andere durch Ihre überlegene Fitness in die Knie gezwungen haben.

Allerdings gibt es ja nicht nur Sportarten, bei denen es darauf ankommt, sondern auch solche, wo Raffinesse und Technik entscheidend sind. Und darüber verfügen Sie in Ihrem Alter ja reichlich! Wenn Sie es sich leisten können: Wie wäre es mit Golf? Wie schnell Sie dem geschlagenen Ball hinterherhumpeln, spielt keine Rolle. Außerdem können Sie sich dort auch altersgemäß kleiden und müssen nicht in kurzen Hosen Ihre vielleicht nicht mehr so strammen Waden präsentieren. Oder haben Sie schon einmal über Bogenschießen nachgedacht? Das erfordert zwar viel Kraft, aber auch Konzentration und Technik. Im Winter können Sie Eisstockschießen – klingt zwar spießig, ist in der angelsächsischen Variante „Curling" aber sogar olympische Disziplin! Das mag für Sportarten wie Kegeln, Schach, Billard oder Skat zwar nicht gelten, aber auch bei denen können Sie in Ihrem Alter alle anderen ausstechen, ohne ganz groß bei Kondition zu sein.

Stellen Sie sich nicht um 4 Uhr morgens für das neue iPhone an

Sie haben vielleicht die Bilder gesehen: Jedes Mal, wenn die Firma Apple ein neues – natürlich vollkommen anderes und ganz und gar verbessertes – Mobiltelefon herausbringt, bilden sich auf der ganzen Welt große Schlangen vor den entsprechenden Geschäften. Dagegen ist ein Computerverkauf bei Aldi harmlos – zum Teil übernachten die Handyverrückten im Liegestuhl vor dem Laden oder stehen um vier Uhr früh auf, um als einer der Ersten das tolle Ding zu besitzen. Der Unterschied zum Aldi-Computer ist aber, dass es das neue iPhone auch noch am Nachmittag oder die ganzen nächsten Monate zum gleichen sündteuren Preis gibt. Es geht den Fans eben darum, als einer der Ersten mit dem neuen Gerät herumhantieren zu können.

Vielleicht kommen Ihnen diese Bilder auch von anderen Gelegenheiten bekannt vor: Damals, als einmal im Jahr ein neuer „Harry Potter" herauskam, standen die Leute Schlange vor den Buchläden, genauso vor dem Plattenladen, wenn es die neue Backstreet-Boys-Scheibe gab. Was haben diese beiden Beispiele gemeinsam? Genau: So ein Verhalten ist eigentlich typisch für Teenager! Es ist schon erstaunlich, wie erwachsene Menschen sich wegen eines kleinen Stücks Technik wieder in einen solchen Zustand zurückentwickeln. Nach dem Motto: „Ätschbätsch, ich hab's schon vor dir gehabt!" Das haben Sie doch nicht mehr nötig! Und es wirkt in Ihrem Alter auch wirklich dämlich, wenn Sie, sobald die Ladentür aufgeht, hineinstürmen, alle Konkurrenten beiseiteschubsen, sich die Schachtel mit dem heiligen Gral der Mobilität unter den Arm klemmen, um ihn mit Ihrer goldenen Kreditkarte zu bezahlen. Nein, der würdevolle Mann mit 60 geht einfach gemütlich nachmittags nach getaner Arbeit ins Geschäft und holt sich das Gerät – wenn es denn sein muss – in aller Ruhe und ohne blaue Flecken ab. Sie haben gelernt, dass ein erfüllter Wunsch nicht weniger süß schmeckt, weil man eine Zeit lang darauf warten musste. Und außerdem: Während die Verrückten, die über Nacht Schlange gestanden haben, zu Hause mit dem ergatterten Schatz im Arm den verlorenen Schlaf nachholen, können Sie dann abends schon damit spielen!

Stehen Sie zu Ihrer Frisur

Es gibt eine ganze Menge Methoden, um zu verschleiern, dass das Haar mit 60 nicht mehr so voll ist wie mit 20. So kann man es zum Beispiel a) gleich komplett abrasieren, ganz nach dem Motto: Ich entscheide selber, wann ich eine Glatze bekomme! Heute ist ein rasierter Kopf auch salonfähig und wenn Sie dazu nicht gerade Springerstiefel und eine Bomberjacke tragen, landen Sie damit auch nicht in der rechten Schublade, wie das noch vor zwanzig Jahren der Fall gewesen wäre. Man kann aber auch b) das verbliebene Haar seitlich wachsen lassen und es dann über die – sagen wir es ruhig – Glatze kämmen. Im Englischen hat diese „Frisur" sogar einen Namen: Man nennt sie dort „combover", was nichts anderes heißt als „drüberkämmen". In Deutschland könnte man das auch als „Resthaarverwaltung" bezeichnen.

Falls Sie zu dieser noch immer weit verbreiteten Methode greifen, sind Sie in bester Gesellschaft. Schon der Kaiser Konstantin der Große verschleierte im 4. Jahrhundert so seine kahlen Stellen. Weitere berühmte Combover-Träger sind beziehungsweise waren der englische Fußballer Bobby Charlton, der amerikanische General Douglas MacArthur (und eine GI-Joe-Actionfigur, die nach seinem Vorbild gefertigt wurde), und der amerikanische Unternehmer Donald Trump, bevor er sich für Methode c) entschied: ein Toupet. Dieses Haarersatzteil kaschiert Halb- oder Stirnglatzen und wird/wurde unter anderem von Humphrey Bogart, Julius Cäsar, Sean Connery (nur vor der Kamera) und Frank Sinatra getragen. Und wenn einem dies zu gefährlich ist (man denke nur an die zahlreiche Witze und Slapstick-Momente, die ein Toupet zum Gegenstand haben), kann man immer noch Methode d) wählen: Extensions oder gar eine Haartransplantation. Für diesen Weg entschieden sich unter anderem Elton John, Nicolas Cage, Silvio Berlusconi, Wayne Rooney und Matthew McConaughey und erfreuen sich nun wieder an einer wahren Haarpracht.

Es gibt also eine ganze Menge Methoden, um mal mehr, mal weniger geschickt zu verbergen, dass das Haar auch schon mal voller war. Und das zu sehr unterschiedlichen Preisen: von 0,00 Euro (Combover) bis zu 10.000 Euro (Haartransplantation). Aber mal unter uns gesagt: Sind Sie mit 60 nicht eigentlich so selbstbewusst, dass Sie zu Ihrer Frisur stehen können? Dass Sie sich denken: Okay, ich hab nun mal weniger Haare als mit 20, aber das geht (fast) allen Männern so? Und einfach das Beste daraus machen können? Denn seien wir mal ehrlich: Über Männer mit Combover lacht jeder hinter vorgehaltener Hand. Und wenn Sie von einem Tag auf den anderen mit vollem Haupthaar zur Tür hereinspazieren, weil Sie ein Toupet tragen oder sich einer Haartransplantation unterzogen haben, sorgt das auch für Gekicher.

Volles, dunkles Haar bei Männern ab einem gewissen Alter ist immer suspekt – Ex-Bundeskanzler Schröder kann ein Lied davon singen. Die einzige Lösung, bei der Sie mit Ihrem Haar nicht auch noch Ihr Gesicht verlieren, ist der absichtliche Kahlschlag. Aber der steht auch nicht jedem. Also geben Sie sich mit dem zufrieden, was Sie haben, solange Sie es noch haben, und stehen Sie zu Ihrer Frisur – gerade mit 60.

Lachen Sie auch mal über sich selbst

Natürlich gibt es Leichteres, als über sich selbst zu lachen. Gerade wenn man als Mann immer unter dem Druck steht, sich als stark und nahezu unfehlbar zu behaupten. Oft sind die Situationen, in denen andere über einen lachen, auch mit Schreck oder Schmerz verbunden – wenn man etwa, weil man gar zu forsch und dynamisch dahinschreitet, ins Stolpern kommt. Oder mal wieder meint, die ganzen Einkäufe auf einmal ins Haus tragen zu können und die Milchflaschen aus dem Arm rutschen und zu Bruch gehen. Und natürlich ist es unangenehm, wenn man bei Marotten ertappt wird, die andere urkomisch finden …

Dennoch: Wer in Würde altern will, sollte da über den Dingen und seinem Ego stehen. Reagiert man aggressiv oder beleidigt, wenn man auf freundliche und scherzhafte Weise auf den Arm genommen wird, kann man damit vielleicht auf dem Schulhof unter den anderen coolen Jungs punkten – im richtigen Leben wird man als verbohrt und unnahbar gelten. Wenn Sie sich durch einen Scherz angegriffen fühlen, wehren Sie den Angriff am besten damit ab, dass Sie mitlachen. Das ist nicht nur entwaffnend, sondern beweist, dass Sie mit sich selbst im Reinen sind und souverän zu Ihren Schwächen stehen können. Und mal ehrlich: Sie haben sich doch inzwischen einige Marotten angewöhnt, die eigentlich zum Brüllen komisch sind, oder? Ob es die alten Hausschlappen sind, die nur noch aus Fetzen bestehen, die Sie aber nicht wegwerfen wollen. Oder Ihr Gesumme von irgendwelchen selbst erfundenen Melodien, während Sie Ihre E-Mails lesen, bestimmte Floskeln, die Sie bei allen möglichen Gelegenheiten immer wieder verwenden, und so weiter … Wenn Sie mit sich selbst lachen – nicht über sich – haben Sie immer was zu lachen – und Lachen ist bekanntlich gesund!

Versöhnen Sie sich mit sich selbst

Runde Geburtstage zwingen einen ja nahezu, auch über das vergangene Leben nachzudenken. Wenn Sie das diesmal auch wieder getan haben, sind Sie mit einiger Sicherheit auch auf Ihre berühmten „wunden Punkte" gestoßen. Was für ein Tölpel waren Sie damals, als Sie zu Schulzeiten Ihre heimlich Angebetete durch ständiges blödes Stottern vergrault haben! Ihren ehemals besten Freund haben Sie vor den Kopf gestoßen, indem Sie sich irgendwann nur noch spärlich, dann überhaupt nicht mehr gemeldet haben. Oder vielleicht sind Sie jetzt immer noch auf Ämtern oder im Gespräch mit dem Chef unsicher und schaffen es nicht, Ihren Standpunkt deutlich zu vertreten … Das sind nur Beispiele für solche möglichen „wunden Punkte", die uns ein Leben lang nachhängen oder unser Verhalten prägen. Es sagt sich leicht, aber es bringt nichts, immer wieder darin zu bohren. Wenn Sie einmal mit Ihrer Frau oder einem Freund streiten, legen Sie ja auch größten Wert darauf, sich zu versöhnen, wenn die Wogen geglättet sind. Und im Normalfall bleiben da dann doch keine wunden Punkte zurück, oder?
Warum versuchen Sie das Gleiche also nicht mit sich selbst? Was einmal war, kann nun mal nicht rückgängig gemacht werden, so oft Sie es auch wieder aus dem Keller holen. Sicher haben Sie auch mal richtig Mist gebaut – aber das gehört nun mal zu Ihnen dazu. Wieder zurück zum Streit mit Ihrer Frau –

wenn die Sie verletzt hat, vergessen Sie das nach der Versöhnung vielleicht nicht, verzeihen ihr aber. Warum? Weil Sie Ihre Frau lieben – und das gilt hoffentlich auch für sich selbst! Zur Versöhnung gehört nicht, dass man alle Unstimmigkeiten ausräumt, sondern damit umzugehen lernt. Versöhnen Sie sich also mit all den wunden Punkten, all den Teilen in sich, mit denen Sie unzufrieden sind. Zu einem würdevollen Altern gehört eben auch, dass man nicht ständig mit sich selbst hadert!

Kennen Sie Ihren eigenen Stil

Mittlerweile sollten Sie in dem Alter sein, in dem Sie es nicht mehr nötig haben, modischen Trends hinterherzuhecheln. Klar, das war mal anders, früher waren Sie am Puls der Zeit. Das mussten Sie zu einem gewissen Grad auch, Sie wollten schließlich nicht schon mit 40 so aussehen, als ob Sie zum alten Eisen gehören. Das Problem heute ist nur: Trends sind meistens von Leuten, die jünger sind als Sie, für Leute, die jünger sind als Sie, erfunden worden. Wissen Sie, was für Typen man früher mit dem wenig schmeichelhaften Wort „Geck" bezeichnet hat? Genau solche, die auf übertriebene und affektierte Weise stets nach der neuesten Mode gekleidet sind. Das – bleiben wir bei den altertümlichen Ausdrücken – geziemt sich jetzt für Sie nicht mehr. Sie würden dadurch anbiedernd und unzufrieden mit Ihrem Alter wirken.

Richtig machen Sie es, wenn Sie zeigen, dass Sie Ihren eigenen Stil gefunden haben, und auch dazu stehen. Wie der jetzt aussieht, bleibt Ihnen überlassen – es ist ja Ihr Stil, da kann

Ihnen niemand hineinreden. Ob der klassische Zweireiher, der sportliche, maritime Look oder eine freche Pullunder-Hemd-Kombination: Sie sollen sich in Ihrer Kleidung wohl fühlen. Das heißt nicht, dass Sie in Ihren verbleibenden Jahren ab jetzt immer die gleiche Art Klamotten tragen müssen. Komplette Stiländerungen würden aber eher den faden Beigeschmack einer verspäteten Midlife-Crisis tragen. Lassen Sie also auch nach der Rente die Ledermontur oder die löchrige Jeans dort, wo sie hingehören, wenn Sie in Würde altern möchten …

Die zehn besten Tipps, mit 60 so attraktiv zu wirken wie nie zuvor

Wie Sie jetzt schon auf über 100 Seiten gelesen haben, gehören Sie mit 60 keineswegs zum alten Eisen. Trotzdem werden Sie merken, dass Sie nicht mehr so mühelos einfach gut ausschauen wie noch mit 40 oder 50. Jetzt ist ein bisschen Arbeit nötig, damit Sie mit 60 so attraktiv wirken wie nie zuvor. Dafür habe ich ein paar Tipps für Sie – mal mehr, mal weniger ernst.

Kleiden Sie sich attraktiv

Wenn Sie das Maximum an Attraktivität für sich herausholen möchten, sollten Sie nicht bei der Kleidung sparen. Sicherlich ist die Versuchung spätestens, wenn Sie in Rente sind, groß: Diese grauen Stoffhosen sind doch einfach so bequem … Die Strickjacke hat zwar ein scheußliches Muster, hält aber so schön warm … Und erst die Filzpantoffeln … Oder der Trainingsanzug aus Ballonseide …

Kurz und knapp: Wenn Sie sich so kleiden, brauchen Sie keinen Spazierstock mehr, um als Opa durchzugehen, wie er im Buche steht. Sie haben in Ihrem Alter durchaus noch das gewisse Etwas! Wenn Sie das aus Bequemlichkeit hinter einer Hülle aus Seniorenfummel verstecken, wird sich niemand die Mühe machen, es zu erkennen. Die Kleidung ist nun mal leider als äußerste Schicht unseres Körpers auch das Erste, das wahrgenommen wird. Mit ihr signalisieren Sie, wie attraktiv Sie sich selbst noch fühlen und umgekehrt wahrgenommen werden wollen. Wenn Sie offenkundig keinen Wert mehr auf Ihr Äußeres legen, sind Sie vom Markt und werden nicht mehr als Mann, sondern bestenfalls als freundlicher Greis wahrgenommen. Umgekehrt wird man Sie dafür bewundern, wenn an Ihrer Kleidung zu erkennen ist, dass Sie noch nicht resigniert und mit Ihrem guten Aussehen abgeschlossen haben. Wie gesagt, den Trends brauchen Sie natürlich auch nicht hinterherzulaufen. Ihr eigener Stil tut es völlig, lassen Sie ihn nur nicht in der Rente oder zu Hause auf Sparflamme kochen. Das wird Ihnen auch Ihre Frau danken – die freut sich, wenn Sie sich auch mal für sie ein bisschen hübsch machen!

Schlafen Sie viel

Es gibt unzählige Studien und Behauptungen dazu, wie viel und wie oft ein Mensch schlafen sollte. Napoleon und Churchill benötigten angeblich nur vier Stunden Schlaf, Goethe derer zehn (was auch an seinem recht ausufernden Weinkonsum gelegen haben mag). Thomas Edison und Leonardo da Vinci schworen angeblich darauf, mehrmals in 24 Stunden ein Nickerchen zu machen, anstatt sich ausgiebig hinzulegen. Prinzipiell gilt, dass jeder Mensch andere Schlafgewohnheiten hat und seinen individuellen Rhythmus finden muss – in Ihrem Alter sollten Sie aber schon darauf achten (solange die „senile Bettflucht" bei Ihnen noch nicht einsetzt), dass Sie ausreichend Schlaf finden!

Warum? Nun, Napoleon meinte, mit vier Stunden Schlaf pro Tag auszukommen. Napoleon wurde aber auch nur 51 Jahre alt! Seien Sie in Ihrem Alter nicht mehr so töricht, unzureichenden Schlaf als Zeichen für männliche Leistungsfähigkeit anzusehen. Sie haben es sich verdient, ausgeruht zu sein! Abgesehen davon leidet auch das Schlafverhalten im Laufe der Jahre: Je älter man wird, desto weniger intensiv ist die Tiefschlafphase. Das bedeutet, dass der Schlaf insgesamt auch nicht mehr so erholsam ist. Wenn Sie also vielleicht schon bemerkt haben, dass Sie nicht mehr so lange und tief wie früher schlafen können, ist das ganz normal. Natürlich fühlen Sie sich auch entsprechend müde. Was hilft dagegen? Es eben nicht darauf anzulegen, sondern möglichst ausufernd zu schlafen. Dafür haben Sie in Ihrem Alter doch die besten Entschuldigungen: Niemand wird Sie jetzt noch auslachen, wenn Sie sich mittags noch mal für ein Stündchen hinlegen. Und Sie brauchen auch keine Angst mehr davor zu haben, etwas zu verpassen, wenn Sie die Zeit verschlafen. Stets ausgeruht zu sein, hält jung – und damit attraktiv!

Lachen Sie viel

Lachen ist gesund – stimmt das eigentlich wirklich? Ja, es ist tatsächlich so. Wenn wir lachen, wird das Herz-Kreislauf-System aktiviert und kommt in Schwung. Die Gefäße dehnen sich. In die Lungen gelangt wesentlich mehr Luft, sodass wir mehr Sauerstoff bekommen. Auch auf das Immunsystem wirkt sich Lachen positiv aus: Dieses ist bekanntlich von der Stimmung abhängig – wenn wir viel lachen und fröhlich sind, ist

es daher besser in Form. Manche Ärzte empfehlen, jeden Tag etwa 15 Minuten zu lachen (wenn man denn so viel zu lachen hat). Andere vergleichen die Wirkung einer ausgiebigen Lachsalve sogar mit der von leichteren Sportarten, etwa Jogging! Aber macht Lachen auch attraktiv?
Zuerst mal gilt in Ihrem Alter natürlich: Je gesünder man ist, desto attraktiver wirkt man auch. Leistet man also sein regelmäßiges Lachtraining ab, sollte sich die Attraktivität steigern. Davon abgesehen werden Menschen, die viel lachen, generell als attraktiver wahrgenommen als andere. Klar, wer verliebt sich schon in einen Trauerkloß – umgekehrt steckt häufiges Lachen an, dadurch ist das Gegenüber selbst in einer fröhlichen Stimmung, die bekanntlich über andere Dinge hinwegsehen lässt. Lacht ein Mann in Ihrem Alter viel, denkt man wahrscheinlich: „Seht her, der hat aber trotz seines hohen Alters noch nicht seinen Humor verloren". Man beweist, dass man sich trotz aller Aufs und Abs des Lebens nicht hat unterkriegen lassen. Und zu guter Letzt: Sicherlich hat sich in Ihrem Gesicht schon das eine oder andere Fältchen breitgemacht. Wenn Sie viel lachen, schaffen Sie es vielleicht noch, die so nach oben zu zwingen, dass daraus Lachfältchen werden – und die wirken angeblich höchst attraktiv!

Halten Sie sich fit

Es ist leider wahr: Unser Körper baut im Alter immer mehr ab. Die strammen Waden werden zu Storchenbeinen, die einstmals breite Brust fällt immer mehr ein, das Sixpack am Bauch ähnelt mittlerweile eher einem kleinen Fass. Da kann man sich ansonsten noch so hegen und pflegen – wenn es an den Körper geht, nutzen einem alle sympathischen Fältchen, das reife Kinn, die charmanten grauen Schläfen oder die attraktive Kleidung nichts mehr …

Naja, gegen gewisse Alterserscheinungen kann man nichts machen. Der Muskelabbau beschleunigt sich nun mal mit 65 Jahren noch einmal erheblich. Ist man bisher wie durch ein Wunder um den Bierbauch herumgekommen, lagert sich doch immer mehr vor den Hüften ab. Wenn man jetzt aber die Segel streicht, macht man alles nur noch schlimmer: Regelmäßiger Sport kann zwar nicht verhindern, dass wir älter werden, aber zumindest den körperlichen und geistigen Abbau verlangsamen! Sie brauchen ja keine Rekorde mehr aufzustellen oder sich an anderen zu messen. Sie sollten auch nichts überstürzen und mit übertriebenem Training den Herzinfarkt herausfordern. Entscheidend ist, dass Sie sich bewegen – und das kontinuierlich und gezielt, wenn Sie Ihren Körper halbwegs in Form halten wollen.

Vielleicht schwimmen Sie gerne! Das wäre der ideale Sport im Alter: Man kann die Anstrengung selbst dosieren und schont die Gelenke. Die werden nämlich beim Joggen ziemlich stark belastet, was vielleicht in Ihrem Alter nicht optimal ist. Generell ist Bewegung an der frischen Luft aber zu empfehlen. Das sorgt auch für die nötige Menge an Sauerstoff und eine gesunde Gesichtsfarbe. Radfahren ist gut für Herz und Kreislauf – nur ein auch innerlich gesunder Körper ist attraktiv. Vielleicht finden Sie ja auch ein paar Gleichaltrige und Gleichgesinnte und treffen sich mit ihnen wie früher am Bolzplatz! In der Gruppe macht Sport erstens mehr Spaß und Sie laufen zweitens nicht

Gefahr, von fitten Jungspunden umgetreten zu werden, dass die alten Knochen krachen …

Achten Sie auf Ihre Ernährung

Ach, ach, ach – so langsam ist es dann aber wirklich so weit. Bis jetzt konnten Sie es vielleicht erfolgreich verdrängen oder sich denken: „So alt bin ich ja auch noch nicht, dass ich mir darüber Gedanken machen muss“. Irgendwann fällt es dann aber doch, das böse „Ch-Wort“, bei der Blutuntersuchung beim Hausarzt oder in einem Vorsorgegespräch: Cholesterin! Und dann steht jeder Mann vor der größten Herausforderung seines Lebens – er muss seine Ernährung umstellen. Wie soll das denn überhaupt gehen, in der Kantine nicht jeden Tag das Fleischgericht zu bestellen – gibt's da überhaupt was anderes? Diese Nudelpampe, die Kollegin XY immer mit säuerlichem Gesicht in sich hineinstopft? Und, wie bitte, den Käsekuchen zum Nachtisch auch noch weglassen? Ja, das kann schon ganz schön hart werden. Vielleicht fällt es Ihnen aber leichter, wenn Sie sich vor Augen führen, dass eine gesunde Ernährung Sie auch äußerlich attraktiver macht!

Logisch, je mehr bierfreie Abende Sie pro Woche einlegen, desto kleiner wird die Wampe – das Gleiche gilt natürlich, wenn Sie den Eisbein- und Saumagenkonsum einschränken. Aber auch über solche Binsenweisheiten hinaus lässt sich das Aussehen ein Stück weit mit der Ernährung steuern. Das ganze Fett, das Sie so über den Tag in sich hineinstopfen, schlägt sich ja nicht nur an der Plauze nieder, sondern auch an der Haut – und mit fettiger Haut brauchen Sie sich doch in Ihrem Alter

nicht mehr herumzuschlagen! Umgekehrt stärkt eine vitaminreiche Ernährung den Teint.
Es ist experimentell bewiesen: Männer, die sich hauptsächlich von Grünzeug ernähren, sehen auch mit 60 noch wesentlich jünger aus als andere in ihrem Alter! Und ganz davon abgesehen: Wer wirkt wohl attraktiver, wenn man ihn im Gasthaus beim Essen beobachtet: der dynamische Sakkoträger, der seine Gabel in knackigen Salat mit rosigen Lachsstreifen steckt, oder der Typ mit der Serviette um den Hals, der in die fetttriefende Schweinekeule beißt? Wenn Sie auf Ihre Ernährung achten, ist das also nicht nur gut für Ihre Gesundheit, Sie werden dadurch auch attraktiver denn je!

Akzeptieren Sie Ihre grauen Haare ...

Na, wie sieht es auf Ihrem Kopf aus? Noch alle Haare da? Wenn Sie in Ihrem Alter noch üppigen Haarwuchs haben: Gratulation, das wird sich vermutlich auch nicht mehr ändern. Aber wie steht's um die Farbe? Vermutlich hat sich so langsam aber sicher die eine oder andere graue Strähne auf Ihrem Kopf breitgemacht, gut möglich, dass Sie auch schon ganz ergraut sind. Das ist zuerst natürlich frustrierend, schließlich spricht man nicht umsonst davon, jemand sei „alt und grau" geworden. Entscheidend ist aber, wie man mit den grauen Haaren umgeht!
Lassen Sie sich über Ihre grauen Haare doch keine grauen Haare wachsen! Männer in höherem Alter können durchaus noch an Attraktivität gewinnen. Graue Haare helfen dabei sogar! Acht von zehn Frauen finden laut Statistik Männer mit ergrautem

Haar attraktiv – die anderen beiden können Ihnen auch gestohlen bleiben. Denken Sie an George Clooney: Der wurde trotz oder wegen seiner grauen Haare sogar zweimal zum „Sexiest Man Alive" gewählt. Warum Frauen so empfinden, hat man auch herausgefunden: Grauhaarige Männer wirken erfahren, souverän und reif – für Frauen sind das wichtige Qualitäten. Auch sind ältere Herren erfahrungsgemäß wohlhabender als jüngere, aber da wollen wir nichts unterstellen.
Stehen Sie also zu Ihrer neuen Haarfarbe! Wenig ist für einen Mann beschämender, als wenn man ihm nachsagt, er würde sich die Haare färben. Was meinen Sie, warum der ehemalige Kanzler Gerhard Schröder damals gleich gerichtlich gegen solche Unterstellungen vorgegangen ist? Eben. Wenn es Ihnen gelingt, mit Ihren grauen Haaren fertigzuwerden, ohne mit Tricks und Färbemitteln davon abzulenken, sind Sie jetzt so attraktiv wie nie zuvor!

... und Ihre kahlen Stellen

Wie, graue Haare sind gar nicht Ihr Problem? Im Gegenteil, Sie wären sogar froh über einen gleichmäßigen eisgrauen Pelz auf Ihrem Kopf? Tja, dann gehören Sie zu den angeblich 15 bis 20 Millionen Deutschen, die zu erblich bedingtem Haarausfall neigen. Das Problem schwebte wahrscheinlich schon seit Ihrer Jugend wie ein Damokles-Raiserapparat über Ihrem damals noch mit wilden Locken bewachsenen Kopf. Wenn der Papa nun einmal eine Platte hat, wird das dem Sohn in den seltensten Fällen erspart bleiben. Den einen trifft es eben früher, den anderen später – spätestens in Ihrem jetzigen Alter hat, sta-

tistisch gesehen, der Kahlschlag auf Ihrem Kopf seinen Höhepunkt erreicht!
Ist das aber so schlimm? Wenn es tatsächlich fast 20 Millionen Männer sind, die Ihr Problem teilen, ist das immerhin die Hälfte aller Deutschen – da sind Sie doch in bester Gesellschaft! Und, ähnlich wie bei den grauen Haaren, gibt es genug Glatzköpfe, die als Sexsymbol galten und gelten. Telly Savalas alias Kojak zum Beispiel oder Yul Brynner! Auch der „Sexiest Man of the Century“, Sean Connery, ist oben kahl – übrigens schon seit „James Bond“-Zeiten, wo er in den Filmen immer ein Toupet getragen hatte.
Apropos Toupet: Ersparen Sie sich und Ihren Mitmenschen die Peinlichkeit, plötzlich mit einem neuartig sprießenden, aber etwas schief sitzenden Haarwuchs aufzutauchen. Das haben Sie nicht nötig und es macht Sie auch nicht attraktiver. Im Gegenteil: Attraktiv ist, wer zu seinen kahlen Stellen stehen kann. Das schließt auch den berühmten Trick aus, sich längere Haare von der Seite über die Glatze zu kämmen. Klar, da merkt gar keiner, dass Sie eigentlich eine Glatze haben, so echt sieht das aus … Wirklich, wenn man das mit 30 oder 40 macht, kann man sich vielleicht noch auf den Schock des Haarverlustes und die Schwierigkeit, ihn zu akzeptieren, hinausreden. Da geht heute aber nicht mehr! Sie sind alt genug, zu Ihrer Glatze zu stehen, und das macht Sie (und Ihre Glatze) attraktiver denn je!

Dopen Sie sich mit Senioren-Ecstasy

Alle Tipps, wie Sie attraktiver denn je werden können, laufen natürlich ins Leere, wenn Ihre Vitalität im Ganzen alterbedingt

nachlässt. Klar, Sie schlafen zum Beispiel nicht mehr so gut wie früher und sind deshalb den Tag über müder als sonst. Die Aufmerksamkeitsspanne lässt nach, vielleicht nicken Sie sogar manchmal unverhofft während eines Gespräches ein … Oder Sie fühlen sich häufig erschöpft oder kränklich, weil der Modus Ihres Körpers nicht mehr 24 Stunden am Tag auf „Bäume ausreißen“ eingestellt ist. Das muss aber nicht so sein! In Ihrem Alter dürfen Sie gerne zu Dopingmitteln greifen, um die Anforderungen des Tages meistern zu können!
Das Beste daran: Senioren-Doping ist legal und sogar noch gesund! Ganz im Gegensatz zu den bunten Pillen, die vor einigen Jahrzehnten in Mode gekommen sind. Damals haben sich die jungen Hüpfer mit Ecstasy gedopt, um die ganze Nacht durchtanzen zu können: Aufputschmittel und Amphetamine. Ihnen reicht es ja schon, wenn Sie den Tag nicht einmal durchtanzen, sondern wenigstens durchschlendern können. Rüsten Sie sich mit Senioren-Ecstasy aus – Sie müssen dafür nicht einmal Horrorpreise in dunklen Ecken in schmierigen Etablissements bezahlen, sondern kaufen gesetzesmäßig in der Apotheke oder dem Drogeriemarkt um die Ecke. Es gibt eine große Auswahl dieser legalen Aufputschmittel: Tai-Ginseng, Doppelherz, Ilja Rogoff oder einfach nur die guten alten Vitaminpräparate. Werfen Sie sich davon gelegentlich eines ein, bleiben Sie fit und auf der Höhe (so verspricht es jedenfalls die Werbung). Bringen Sie Ihre Lebensgeister in Schwung! Gut möglich, dass Ihre Kinder Sie dafür auslachen werden. Sie haben vermutlich selbst früher über die entsprechenden Fernsehwerbungen geschmunzelt – egal! Ihr Wohlbefinden und Ihre Attraktivität sollten es Ihnen wert sein, mal was so richtig Opamäßiges durchzuziehen!

Umgeben Sie sich mit älteren Freunden

Wie jugendlich und attraktiv man wirkt, hängt immer auch von den Leuten ab, mit denen man sich umgibt. Trifft man Sie immer nur mit einer Gruppe jugendlicher, muskelbepackter und dynamischer Kollegen an, werden Sie zwangsläufig als der Alterspräsident dieser Runde angesehen. Als der Alte, den die Jungen mitnehmen, weil sie aus irgendeiner Loyalität heraus dazu gezwungen sind: der Chef, der Vater, der trottelige alte Kollege, den man zur Belustigung oder aus Mitleid einlädt. Umgekehrt denkt man von Ihnen, Sie würden sich mit den Jungspunden umgeben, weil Sie Probleme mit Ihrem eigenen Alter haben. Wenn Sie wirklich attraktiv wirken möchten, sollten Sie mit Leuten unterwegs sein, die Sie im Vergleich attraktiver wirken lassen – am besten ältere!

Man wird denken, dass Sie sich im Gegensatz zu Ihren Freunden aber noch wirklich gut gehalten haben. Oder dass Sie die nötige Reife besitzen, sich nicht mehr vom jungen Gemüse unterhalten zu lassen. Zu Schulzeiten galt es schließlich auch als cool, wenn man mit älteren Schülern herumhing, die einen als ihresgleichen akzeptierten. Sie brauchen sich ja nicht gleich die verstaubteste Dorfwirtschaft auszusuchen, um sich in die Skatrunde der zahnlosen Schnapstrinker einzureihen – da haben Sie wenig zu gewinnen (außer den Pott, versteht sich), genauso wenig beim Kaffeeklatsch im Altersheim. Die Freunde sollten nur ein paar Jahre älter sein, aber so, dass man es ihnen ansieht.

Wenn Sie beispielsweise der Einzige unter denen sind, der noch arbeitet, trennen Sie schon Welten der Jugendlichkeit von Ihren Pensionärsfreunden – und Sie wirken attraktiver denn je! Allerdings funktioniert dieser Trick nur mit männlichen Freunden. Bei Frauen ist es genau umgekehrt: Sind Sie mit einer Gruppe knackiger und kichernder Studentinnen unterwegs, wird man Sie zwar für älter als Ihre Begleitungen schätzen, dass sich die jungen Dinger mit ihnen abgeben, steigert aber wiederum Ihre Attraktivität. Sind andererseits Damen an Ihrer Seite, die deutlich älter aussehen (zum Beispiel Ihre Frau), denkt man eher, Sie würden jünger wirken, als sie tatsächlich sind – warum sollten Sie sonst freiwillig mit solchen Oldtimern verkehren …

Wenn's nicht hilft: Schönheitschirurgie

So, dann war's also nichts. Die ganzen Tipps hauen bei Ihnen nicht hin. Statt grauer Haare haben Sie nur noch ein paar, die Sie jeden Morgen mühsam über die Glatze kämmen, vom Schweinebraten wollen Sie nicht lassen und können den Teller, von dem Sie ihn essen, mittlerweile schon auf Ihrem Bierwanst abstellen. Ältere Freunde finden Sie leider auch keine. Gut, auch so kann man glücklich und zufrieden sein Leben fristen. Möchten Sie aber dennoch attraktiv sein, kriegen den Hintern jedoch nicht hoch, um selbst etwas dafür zu tun, bleibt Ihnen auch noch die Möglichkeit einer Schönheitsoperation.

Es gibt ja prominente Beispiele: Elton John oder Wayne Rooney haben sich bekanntermaßen Haare transplantieren lassen – statt der Platte sprießt auf ihren Köpfen wieder eine üppige Matte. Heute ist bereits jeder sechste Patient beim Schönheitschirurgen ein Mann – man ist also in guter Gesellschaft. Hauptsächlich Faltenstraffung und Nasenkorrekturen sind dabei gefragt, aber eben auch die Sache mit den Haaren oder Fettabsaugen.

Aber Vorsicht! Gegen den handelsüblichen Bierbauch kommen Sie nicht an – da bei diesem die Fettschicht unter dem Muskelgewebe liegt (deswegen ist er auch so schön prall und fest und wabbelt nicht ungestüm umher), kann er nicht abgesaugt werden. Den Ranzen werden Sie also bloß durch Eigeninitiative los. Und, hm, ach, irgendwie gilt das doch für die ganze Schönheitschirurgie für Männer: So richtig passt das doch nicht zu unserem klassischen Bild eines echten Kerls. Der Spott, der etwa den Männern mit transplantierten Haaren entgegenschlägt, ist doch wesentlich größer als bei schönheitsgetunten Frauen. Vom Mann erwartet man, dass er zu seinen äußerlichen „Fehlern" steht – und gerade das ist doch Teil der Attraktivität. Nicht umsonst sagt man, dass die Attraktivität von Männern mit dem Alter steigt – wenn man das Gesicht aber immer wieder glattbügeln lässt und die Haare wie am ersten Tag sprießen, bleibt man vielleicht äußerlich ewig jung. Aber auch ewig gleich attraktiv?

Zehn goldene Tipps, um Ihr Leben zu entrümpeln

60 Jahre – da sammelt sich eine ganze Menge Zeug an. Zum Glück ziehen wir ab und zu um und können dann so richtig entrümpeln. Nur blöd, dass das Gerümpel wieder nachzuwachsen scheint. Deshalb sollten Sie ab und zu ausmisten – und der 60. Geburtstag ist der optimale Zeitpunkt, um damit zu beginnen.

Kennen Sie Ihre Werte

Natürlich gibt es gewisse Werte, die man im Alter kennen muss. Cholesterinwerte, Blutdruckwerte, Leberwerte … „Aber was hat das mit Entrümpelung zu tun?“, werden Sie fragen. Nun, solche Werte sind hier nicht gemeint.

Entscheidend sind die ideellen Werte, die Sie an sich und an andere ansetzen. Dass Sie eine Haltung haben und auch nach ihr leben. Nur dann kann man nämlich beurteilen, ob man selbst den eigenen Ansprüchen genügt oder ob man seit Jahren – sei es im Beruf, zu Hause oder unter Freunden – gegen die eigenen Werte handelt. Oder sich am Ende sogar von Werten unter Druck setzen lässt, die gar nicht die eigenen sind. Sie sehen: Das, was hier entrümpelt werden soll, ist nicht der Keller oder die quietschende Schublade am Schreibtisch, sondern Ihr Gewissen. Vielleicht plagt Sie öfters ein schlechtes

Gewissen wegen Dingen, die Ihren persönlichen Werten im Grunde gar nicht widersprechen: dass Sie im Büro zum Beispiel gelegentlich mal eine private E-Mail anschauen – obwohl Ihnen das niemand ausdrücklich verboten hat und Sie doch sowieso jeden Tag eine halbe unbezahlte Überstunde absitzen. Nach Ihren Werten wäre das doch dann Ihr gutes Recht, oder? Also weg mit dem schlechten Gewissen!
Umgekehrt sollten Sie, wenn Sie Ihre Werte kennen, auch danach handeln, Ihren eigenen Ansprüchen genügen. Das entrümpelt Ihr Verhalten von falschen Verhaltensmustern, die Ihnen im Grunde unbewusst schon längst ein Dorn im Auge sind! Gehen Sie also mal in sich und misten Sie Ihre innere Sammlung von Gesetzen, nach denen Sie sich verhalten (oder auch nicht), gründlich aus!

Warum mit 60?

In den nächsten Jahren haben Sie noch die Möglichkeiten, das Leben nach Ihren Werten auszurichten – und beispielsweise am Arbeitsplatz Klarschiff zu machen, ehe Sie in Rente gehen. Außerdem fangen viele Menschen in ihren letzten Lebensjahren an, sich ein schlechtes Gewissen zu machen und alles Mögliche zu bedauern, wenn Sie die Hand des Todes schon auf den Schultern spüren. Das können Sie schon jetzt, Jahrzehnte vorher, verhindern – indem Sie mit sich und Ihren Werten ins Reine kommen!

Verscherbeln Sie Ihr Gerümpel

Was hat sich in Ihrem Leben nicht alles an Gerümpel angesammelt, das Sie nur schwer wieder loswerden. Geschenke, die Sie oder Ihre Frau zu diversen Geburtstagen oder sonstigen Festen bekommen haben – irgendeinen antiken Kram, Bücher, die Sie kein bisschen interessieren, oder kitschiges Dekozeug zum Aufhängen. Genauso steht es mit alten Möbeln, die aus irgendwelchen Gründen noch im Keller lagern, Erbstücken, noch funktionierende, aber nicht mehr gebrauchte Elektrogeräte und, und, und …

Vielleicht ist vieles davon zum Wegwerfen zu schade – oder das Wegwerfen einfach zu mühsam, wenn man sich erst einen 14-Tonner mieten müsste, um das Ganze zum Schrottplatz zu bringen. Verschenken können Sie das Geraffel auch nicht mehr. Nicht einmal die Kinder wollten den Ohrensessel aus den 60ern mit in ihre Studentenbude nehmen. Da hilft nur eines: Verkaufen Sie Ihr Gerümpel! Natürlich nicht bei eBay und Konsorten, da müssten Sie ja jedes Stück einzeln verpacken und zur Post bringen. Schaffen Sie alles, was Sie loswerden möchten, in den Garten und machen Sie dort einen Gartenverkauf – das ist in den USA gang und gäbe. Inserieren Sie vorher in der Zeitung, und es kommen hundertprozentig ein paar Typen vorbei, die Ihnen gleich alles auf einmal abkaufen, weil die es dann selbst auf Flohmärkten weiterverscherbeln. Groß fällt der Gewinn dabei nicht aus – aber es geht auch nur darum, das Gerümpel loszuwerden, ohne sich einen Bruch zu heben.

Warum mit 60?

Nachdem die Kinder endgültig ausgezogen sind und auf eigenen Beinen stehen, können Sie genau einschätzen, welche Dinge Ihres Hausinventars nun wirklich nie wieder ein Mensch brauchen wird. In Ihrem Alter sollten Sie sich die anstrengende Entrümpelung sparen – lassen Sie das andere erledigen, die Ihnen sogar noch Geld dafür zahlen.

Legen Sie Listen statt Kisten an

Solche Kisten hat jeder von uns im Keller: die eine mit dem ganzen Weihnachtschmuck, diejenige mit den Erinnerungsstücken an die Zeit, als die Kinder noch klein waren und uns täglich mit Gemälden und Basteleien versorgt haben, oder die andere, in der selten verwendete Küchengeräte wie das Fondue oder das Raclette aufbewahrt werden. Finden wir aber auch immer die richtige, wenn wir mal wieder was davon brauchen?
Kisten sehen sich nun mal leider von außen recht ähnlich. Selbst wenn wir sie beschriften, stoßen wir an unsere Grenzen. Klar: „Weihnachtsschmuck" ist noch relativ eindeutig. Es bleiben aber auch immer Kisten übrig, auf die wir eigentlich nur „Sonstiges Zeug" draufschreiben könnten. Legen Sie doch einmal ein richtiges Inventar an! Nummerieren Sie Ihre Kisten und machen Sie für jede eine Liste, was sich darin befindet. Das hat zwei Vorteile: Erstens finden wir dann das, was wir gerade brauchen, sofort mit einem Blick auf die Liste. Zweitens fällt uns schon beim Erstellen der Liste das Gerümpel auf, das wir gleich wegschmeißen könnten. Ehe Sie „Kiste 3a): alter

Wecker, den wir nicht benutzen, weil er so ekelhaft laut tickt" notieren, schmeißen Sie die Terroruhr doch lieber gleich weg.

Warum mit 60?

Ganz ehrlich: Ihr Erinnerungsvermögen wird im Alter nicht besser. Bevor Sie jedes Mal, wenn Sie einen gut gehüteten Schatz aus dem Kistenareal heben wollen, erst einmal den Wald vor lauter Kisten nicht sehen und zwanzig davon öffnen und durchwühlen müssen, ist ein kurzer Blick auf Ihr Listeninventar doch wesentlich bequemer!

Kann ich das vielleicht noch mal brauchen?

Beim Ausmisten von altem Gerümpel gibt es drei Gedankenmuster, die uns beim Wiederfinden von Gegenständen durch den Kopf gehen. Erstens: „Wieso um alles in der Welt habe ich diesen Quatsch bis heute aufgehoben? Weg damit!" Zweitens: „Diese tolle Lampe habe ich ja ganz vergessen! Die passt doch super in unser neues Wohnzimmer!" Wenn dem so ist, prima. Drittens aber: „Ach ja, den alten Plattenspieler/das lustige Faschingskostüm/das beim Preisausschreiben gewonnene Besteck lasse ich vorerst noch hier im Keller – vielleicht kann ich das ja noch mal brauchen?"

Die Antwort auf diese Frage ist ebenso simpel wie eindeutig: „NEIN!" Sie brauchen das alte Zeug nicht mehr. Wenn Sie sich bei diesem Gedanken ertappen, gibt es nur die eine Lösung, nämlich das entsprechende Gerümpel loszuwerden. Warum? Sie haben es bis heute noch nicht gebraucht, dann werden Sie es in Zukunft auch nicht brauchen. Das gilt nach einer frei erfundenen Statistik in 99 Prozent aller Fälle. Käme es dennoch anders und Sie haben etwas weggeschmissen, das Sie zehn Jahre später doch noch einmal brauchen – du liebe Güte, dann haben Sie sich einmal geirrt und kaufen das Teil dann eben noch mal neu. Bei solchen „Wer weiß"-Produkten handelt es sich niemals um Dinge, die wahnsinnig teuer sind. Verfahren Sie nicht so, besteht Ihr Keller irgendwann nur noch aus dem Zeug, das Sie vielleicht noch mal irgendwann brauchen könnten – und Ihre Erben schmeißen das Ganze dann eines Tages ungesehen weg.

Warum mit 60?

Wie gesagt: Was Sie bis heute, in Ihr Alter hinein, nicht mehr gebraucht haben, benötigen Sie später auch nicht mehr. Befreien Sie sich lieber rechtzeitig von dem ganzen Ballast, ehe Sie darin ertrinken!

Leihen Sie, statt zu kaufen

Es gibt Dinge, die braucht man selten oder nur einmal im Leben. Vielleicht möchten Sie Ihre angejahrte Plattensammlung oder die alten Urlaubsdias ins digitale Zeitalter retten, ehe sie im Keller vergammeln. Um diese alten Medien auf Ihrem Computer abzuspielen, bräuchten Sie aber teure Geräte und Adapter. Sie möchten die alte Tanne im Garten fällen, haben aber keine Motorsäge. Zu Ehren Ihrer neuen Verwandten, den Schweizer Schwiegereltern Ihrer Tochter, möchten Sie ein Raclette veranstalten – Sie haben aber das entsprechende Gerät nicht und können das Käsezeug eigentlich auch nicht ausstehen. Oder Sie haben große Lust, mal wieder „Raumpatrouille Orion" oder „Monaco Franze" zu gucken – die kann man doch mittlerweile alle auf DVD kaufen …

Wenn Sie Geld im Überfluss haben, greifen Sie zu, kaufen Sie die Dinge, die Sie mit großer Sicherheit nur einmal benötigen. Die können dann später munter im Keller vor sich hinstauben! Allerdings handelt es sich hierbei um Gerümpel, das Sie sich nicht zwingend aufhalsen müssen. Sie kennen doch bestimmt jemanden, der ein Motorsäge oder ein Raclette besitzt. Ihr Sohn kennt sich mit digitalen Geräten aus und hat einen Freund, der Ihnen mit den alten Dias helfen kann. Und die DVDs gibt's sogar in der Stadtbücherei! Leihen statt kaufen heißt hier die Devise. Sie sparen sich damit Geld und Platz. Und selbst haben Sie doch bestimmt auch ein paar Geräte, die Sie häufig benutzen und auch mal jemand anderem leihen können?

Warum mit 60?

Sie haben in Ihrem Leben genug Dinge angesammelt, die einmal unbedingt nötig waren und jetzt im Keller vor sich hingammeln. Lassen Sie sich das eine Lehre sein und erhöhen Sie Ihren Gerümpelpegel nicht noch weiter. Außerdem kommt man über solche Leihgeschäfte mit den Nachbarn oder neuen Bekannten in Kontakt. Wenn eine Hand die andere wäscht, ist das eine gute Basis für neue Freundschaften!

Eins rein, eins raus

Das Problem kennt jeder: Es gibt gewisse Schubladen in unserer Wohnung, die einfach immer bis obenhin voll sind und bereits klemmen. Oder bestimmte Schranktüren auf dem Dachboden, die man gar nicht mehr öffnen darf, weil man sonst unter allem möglichen Krempel begraben wird, der dort hineingestapelt ist. Das Gleiche im Kleiderschrank: Irgendwann kann man ein neu gekauftes Hemd gar nicht mehr hineinhängen, weil wegen der alten 300 kein Platz mehr ist. Wie konnte es einfach so weit kommen?

Ganz einfach: Sie haben zu viel Gerümpel angesammelt. Haben Sie eine Ahnung, was in den klemmenden Schubladen ganz unten liegt? Natürlich nicht. Das bedeutet: Was immer es ist, Sie brauchen es eigentlich nicht. Und die 300 Hemden tragen Sie auch regelmäßig, nicht wahr? Tja, da heißt es erst mal ausmisten, ehe Ihre Möbel irgendwann auseinanderbrechen!

Dabei lässt sich eine solche Misere ganz leicht verhindern: Gehen Sie nach der Regel „Eins rein, eins raus“ vor. Für jedes neue Hemd, das Sie sich kaufen, schmeißen Sie ein altes weg. Für jedes neue Paar Socken ein anderes. Und für jedes Teil, das Sie in den Kellerschrank stopfen, nehmen Sie auch ein – in diesem Fall uraltes – anderes Teil heraus und entsorgen es. So können Sie der Schrankverstopfung langfristig vorbeugen und entrümpeln regelmäßig Ihre Wohnung, ohne dass es Ihnen als Anstrengung bewusst wird!

Warum mit 60?

Aus eigener Erfahrung lässt sich berichten, dass man sich beim Zerren einer klemmenden Schublade schnell mal einen Hexenschuss zuziehen kann – man wird nicht jünger, kann dieses Problem aber leicht vermeiden. Ehe Sie sich einen Bruch holen, halten Sie lieber Ihre Schubladen in Ordnung!

Werfen Sie wertlose Dinge weg

Gehen Sie mal offenen Auges durch den Keller- oder Speicherraum, der dringend ausgemistet werden muss. Wie viele elektrische Geräte sind darunter, die entweder defekt sind oder doch nicht über längere Zeit Ihren Ansprüchen entsprochen haben? Beliebt in dieser Kategorie Dinge ist zum Beispiel diese kleinen CD-Spieler mit Kassettenteil und Radio, im Volksmund „Ghettoblaster" genannt. Irgendeine Funktion geht da meist ganz schnell kaputt (meistens der CD-Spieler). Weil das Radio aber noch so gut funktioniert, hebt man es eben auf, auch wenn kein Mensch in der Familie überhaupt noch Radio hört. Oder die elektrische Brotschneidemaschine, die das Brot nie so richtig zu Ihrer Zufriedenheit geschnitten hat. Als Sie sich eine neue gekauft haben, wollten Sie die aber dann doch nicht wegschmeißen – sie funktioniert im Prinzip ja noch …

Solche Dinge haben doch keinen Wert mehr – warum heben Sie die dann noch auf? Verkaufen können Sie den Krempel auch nicht mehr, tun Sie sich und Ihrer Wohnung also den Gefallen und schmeißen Sie ihn weg! Das Gleiche gilt für Dinge, die kein Mensch mehr braucht: alten Christbaumschmuck zum Beispiel, Geschirr, das auch den verrücktesten Sammlern auf eBay keinen Cent mehr wert ist. Manche Sachen können natürlich auch ideelle Werte mit sich tragen. Fragen Sie sich konkret bei jedem Stück, das Sie beim Ausmisten in die Hand nehmen, ob Ihnen die Erinnerung, die damit verbunden ist, noch etwas bedeutet. Sie werden erstaunt sein, wie viel Gerümpel Sie auf diese Weise loswerden können!

Warum mit 60?

Sie sollten doch mittlerweile gelernt haben, was einen Wert hat und was Wegwerfware ist. Wertloses Zeug mit ins Alter zu schleppen ist nicht gerade sinn- und stilvoll.

Konsumieren Sie bewusst

Ein Großteil der Gerümpelansammlung in Ihrem Zuhause entsteht aus Gedankenlosigkeit. Und zwar der Gedankenlosigkeit, die Sie schon beim Einkauf dieses Gerümpels an den Tag gelegt haben. Muss es wirklich immer der billigste Rasierer sein, mit dem Sie nach kurzer Zeit unzufrieden sind? Muss denn zwangsläufig aus jedem noch so tollen Urlaub ein Souvenir mitgebracht werden, das dann unter dem heimischen Mief und Staub vergilbt? Und werfen Sie mal einen Blick in den Kühlschrank oder das Vorratsfach: Sammeln sich da nicht einige angebrochene Packungen von Schokolade, Knabbereien, Mixed Pickles oder Brotaufstrichen an, die Sie einmal probiert und dann nie wieder angefasst haben?
Das lässt sich vermeiden, indem Sie bewusst konsumieren. Kaufen Sie nur Produkte, die Qualität garantieren und nicht

schon nach kurzer Zeit defekt sind oder Unzufriedenheit hervorrufen! Genauso können Sie auch bei den Nahrungsmitteln vorgehen. Klar, man möchte auch mal eine neue Schokoladenmarke ausprobieren. Wenn die Erfahrung aber lehrt, dass Ihnen die Billigprodukte vom Discounter nicht schmecken, ist so ein Experiment unnötig. Konsumieren Sie auch Klamotten bewusst: Hochwertige Hemden behalten Farbe und Form länger als die aus einem billigen Bekleidungshaus und hängen damit nicht noch ewig ungetragen im Schrank herum, ehe man sie wegschmeißt.

Warum mit 60?

Ganz einfach: Sie können es sich jetzt leisten! Qualität ist nun mal teurer als Wegwerfware. Davon abgesehen schätzen Sie mittlerweile Dinge, die von Dauer sind – so wie Sie selbst ja auch!

Misten Sie Bücher und CDs aus

Egal, was die Zukunft noch bringen wird – ein Problem werden Ihre Enkel vermutlich einmal nicht haben: Übervolle Regale mit CDs und Büchern, die eine Menge Platz zu Hause wegnehmen. Selbst Ihre Kinder haben die meiste Musik vielleicht schon nur noch digital im Computer oder MP3-Player gespeichert und besitzen kaum noch CDs. E-Books und deren elektronische Lesegeräte werden auch immer populärer. Statt einer riesigen Regalwand voller Wälzer hat man bald nur noch ein kleines Gerät, in dem das Wissen der Menschheit gespeichert ist …

Wenn Sie gerne lesen oder Musik hören, haben sich im Laufe der Jahre sicher viele Bücher, CDs oder Schallplatten bei Ihnen angesammelt. Das sind Dinge, die man nicht gerne wegwirft. Bücher – auch wenn man die meisten doch nur einmal liest – haben einfach eine besondere Aura, einen ideellen Wert, der weit über den materiellen hinausgeht. Trotzdem kommt es auf einen Versuch an, hier einmal auszumisten. Sie brauchen Ihre Schätze ja nicht wegzuschmeißen, sondern können Sie Bibliotheken, Gefängnissen, Wärmestuben oder Kinderheimen spenden. Auch Freunde oder Verwandte freuen sich immer, wenn sie sich ein paar Exemplare aus Ihrem ausgemisteten Lesestoff mitnehmen können, die sie noch nicht kennen.

Wägen Sie dabei genau ab, wie groß die Wahrscheinlichkeit ist, dass Sie das Buch tatsächlich noch einmal zur Hand nehmen. Bei Krimis geschieht das zum Beispiel relativ selten, wenn Sie nicht schon vergessen haben, wer der Mörder ist. Werden Sie einen Wälzer wie „Krieg und Frieden" wirklich noch ein drittes Mal lesen? Viele Bücher haben Sie geschenkt bekommen, ohne dass diese Sie wirklich interessiert hätten – geben Sie sie weg, anstatt auf so große Langeweile zu hoffen, dass Sie sie auch noch lesen. Genauso steht es auch mit geschenkten CDs. Generell nehmen CDs zwar weniger Platz ein als Bücher, zu viele Exemplare behindern aber die Suche nach der einen, die man gerade hören will, erheblich. Der Vorteil beim Ausmisten von CDs ist: Wenn Sie sich unsicher sind, ob Sie das Meisterwerk nicht doch noch einmal hören wollen, können Sie es ja einfach im Computer speichern und trotzdem wegschmeißen. Ihre Festplatte nimmt ja zum Glück nicht viel Platz weg …

Warum mit 60?

Gerade musikalisch hat sich Ihr Geschmack in letzter Zeit vielleicht ein wenig verändert. Waren die Stones früher das Maß aller Dinge, stehen Sie jetzt mehr auf sanfte klassische oder volkstümliche Melodien … Nur ein Scherz, Sie rocken natürlich immer noch! Dennoch schadet es nicht, mal durchzugehen, was Sie heute wirklich noch hören. Genauso bei Büchern: Wenn man nicht irgendwann mal einen Schnitt macht, ertrinkt man in ihnen. Schaffen Sie jetzt Platz in Ihrem Bücherregal für die vielen Leseprojekte, die im Ruhestand auf Sie warten!

Was sollen Ihre Enkel bekommen?

Keine Sorge, Sie müssen noch nicht gleich zum Notar und Ihr Testament aufsetzen – bis es so weit ist, dass Sie Ihren Enkeln etwas vererben, fließt noch viel Wasser die Flüsse hinab. Außerdem ist die endgültige Zahl Ihrer Enkelschar vermutlich noch gar nicht abzusehen. Während Sie ausmisten, können Sie die Frage, was Ihre Enkel einmal von Ihnen bekommen sollen, aber durchaus zu einer Leitfrage machen.
Dabei geht es natürlich nicht um den Fernseher oder das zwanzigbändige Lexikon. Damit werden Ihre Enkel einmal erstens nichts anfangen können und zweitens ist es doch völlig egal, wer das mal bekommt. Es geht vielmehr um Dinge, die Erinnerungen an Sie transportieren und an die Zeit, in der Sie gelebt haben. Natürlich sind Fotoalben da sehr interessant. Genauso aber vielleicht altes Spielzeug, etwas, das Sie mit eigenen Händen gefertigt haben, oder das Buch, das Ihnen viel bedeutet

hat. Überlegen Sie doch mal, was Sie noch längere Zeit von Ihren Großeltern aufbewahrt haben oder noch besitzen …
Stellen Sie sich Ihr „Gerümpel" im Keller oder auf dem Dachboden als ein Archiv für ein zukünftiges Museum über Sie vor – was würde dort ausgestellt werden, was würde eher im Archiv verrotten? Nach diesen Kriterien können Sie Ihren alten Besitz ausmisten und das Wichtige vom Unwichtigen trennen. Vielleicht auch das Peinliche vom Liebenswerten. Achten Sie jedenfalls darauf, dass Sie nicht aus Versehen etwas wegwerfen, das Ihren Enkeln als Erinnerungsstück einmal das richtige Bild von Ihnen vermitteln könnte. Und dass Sie die Dinge unbedingt wegwerfen, durch die Sie in einem schlechten Licht dastehen würden!

Warum mit 60?

Es schadet nicht, beim Klarschiffmachen schon an die Nachwelt zu denken. Das verleitet Sie zum einen dazu, auch wirklich gründlich zu entrümpeln. Zum anderen werden Sie sich so auch wieder mehr über sich selbst bewusst. Das ist ein optimaler Start in eine neue Lebensphase wie den Ruhestand, den Sie dann befreit angehen können: Entrümpelt von all dem, das in Ihrem Leben unwichtig ist!

Na also, so schlimm ist es doch gar nicht!

Nun haben Sie es geschafft: Sie haben dieses Buch fertig gelesen. Und wahrscheinlich ist Ihnen dabei eines aufgefallen: So schlimm ist es eigentlich gar nicht, 60 zu werden. Sie sind nämlich immer noch ein ziemlich cooler Typ und zudem echt attraktiv. Außerdem haben Sie nun jede Menge Tipps bekommen, was Sie im neuen Lebensjahrzehnt tun sollten. Sie haben also gar keine Zeit, herumzusitzen und Trübsal zu blasen, denn schließlich warten da draußen scharfe Chilischoten, Waldspaziergänge und Entrümpelungsaktionen auf Sie. Nun kann es erst richtig losgehen: Lesen Sie noch oder leben Sie schon?